Maquiavel e a Liderança Moderna

Michael A. Ledeen

Maquiavel e a Liderança Moderna

*Por que as "regras de ferro" de Maquiavel
são tão oportunas e importantes hoje
quanto há cinco séculos*

Tradução
MERLE SCOSS

EDITORA CULTRIX
São Paulo

Título original: *Machiavelli on Modern Leadership.*

Copyright © 1999 Michael A. Ledeen

Todos os direitos reservados. Nenhuma parte deste livro pode ser reproduzida ou usada de qualquer forma ou por qualquer meio, eletrônico ou mecânico, inclusive fotocópias, gravações ou sistema de armazenamento em banco de dados, sem permissão por escrito, exceto nos casos de trechos curtos citados em resenhas críticas ou artigos de revistas.

O primeiro número à esquerda indica a edição, ou reedição, desta obra. A primeira dezena à direita indica o ano em que esta edição, ou reedição foi publicada.

Edição	Ano
2-3-4-5-6-7-8-9-10-11-12	06-07-08-09-10-11-12-13

Direitos de tradução para o Brasil
adquiridos com exclusividade pela
EDITORA PENSAMENTO-CULTRIX LTDA.
Rua Dr. Mário Vicente, 368 – 04270-000 – São Paulo, SP
Fone: 6166-9000 – Fax: 6166-9008
E-mail: pensamento@cultrix.com.br
http://www.pensamento-cultrix.com.br
que se reserva a propriedade literária desta tradução.

Impresso em nossas oficinas gráficas.

Sumário

INTRODUÇÃO: POR QUE OS LÍDERES DO MUNDO
PRECISAM DE MAQUIAVEL 7

CAPÍTULO 1: O CURSO DOS ACONTECIMENTOS HUMANOS
"Os assuntos humanos se encontram num estado de
movimento perpétuo, seja ascendendo ou declinando..." 21

CAPÍTULO 2: A SORTE
"E se alguém quiser se opor [ao propósito da deusa
Fortuna], ela o matará ou o privará de toda faculdade
de fazer o bem." 49

CAPÍTULO 3: A GUERRA DA POLÍTICA
"É fácil persuadi-los de alguma coisa; difícil é mantê-los
nessa persuasão." 73

CAPÍTULO 4: DO BEM E DO MAL
HAMLET: Alguma novidade? 97

ROSENCRANTZ: Nenhuma, meu senhor, exceto que o mundo tornou-se honesto.

HAMLET: Então o fim do mundo está próximo.

Capítulo 5: Como governar

"Sabes que o principal dever de todo Príncipe é evitar ser odiado e desprezado. (...) Sempre que ele o consegue, tudo vai bem." 117

Capítulo 6: Liberdade

"Pois é tão difícil tornar livre um povo que está decidido a viver em servidão quanto sujeitar à servidão um povo que está determinado a ser livre." 143

Conclusão 179
Agradecimentos 183

INTRODUÇÃO

Por que os líderes do mundo precisam de Maquiavel

Os soldados da Força Delta, grupo de elite dos Estados Unidos, provavelmente estão mais perto de ser super-homens do que quaisquer outras pessoas que possamos conhecer. Somente os indivíduos mais aptos e fortes são convidados a concorrer às poucas centenas de vagas e passam por intensos testes físicos e psicológicos que selecionam os melhores dentre os melhores. Dia após dia, eles percorrem grandes distâncias carregando pesadas mochilas, cada homem sozinho, tendo apenas um mapa e uma bússola para achar o caminho. Eles precisam atravessar bosques densos e cruzar rios e riachos; embora haja estradas e trilhas, estas raramente são o caminho mais curto, e os homens precisam cobrir a distância num período de tempo limitado. Ninguém lhes diz em quanto tempo eles precisam chegar ao destino e, desse modo, a tensão é maximizada. As rações de comida são distribuídas desigualmente: uma quantidade abundante hoje, um magro suprimento amanhã. Os homens que não conservarem uma sobra do dia de fartura serão incapazes de mostrar desempenho satisfatório no dia de escassez, que pode durar algo como dezoito horas. Exige-se deles que estejam prontos para partir num dado momento da madrugada, mas não há alarma para despertá-los. Quem não estiver de pé, está fora. Eles vivem sob vigilância constante, mas raramente vêem os observadores e nunca recebem a menor indicação sobre a qualidade de seus esforços. O teste físico é extremo; mas é a tensão mental, somada ao isolamento dos companheiros, que acaba quebrando todos eles, exceto a nata. Dia após dia, diminui o número de sobreviventes. É raro que mais de 25% dos candidatos sobrevivam até a fase final.

No término do processo de seleção — mais de duas semanas e meia — a gordura corporal desses homens reduziu-se a quase zero e eles foram levados ao limite da resistência psicológica. Eles recebem então a ordem de fazer uma marcha final de mais de sessenta quilômetros, carregando uma mochila que pesa mais de vinte quilos. Embora eles não saibam, como sempre, o limite de tempo para completar a marcha é inferior a 24 horas. Às vezes, durante essa marcha, eles começam a consumir tecido muscular porque não têm mais gordura para ser metabolizada.

Fisicamente esgotados e privados de sono por dois dias inteiros, os poucos sobreviventes têm permissão para tomar um banho de chuveiro e o punhado de candidatos a oficial recebe um livro — um livro pequeno — para ler, juntamente com um exame escrito. Eles devem relacionar as idéias apresentadas nesse livro com suas experiências durante o processo de seleção e com as missões que poderão comandar se forem escolhidos como oficiais da Força Delta. Eles têm dezoito horas para convencer a banca julgadora de que compreenderam as sábias idéias expostas no livro e de que são capazes de aplicá-las, mesmo quando física e psicologicamente exaustos, às tarefas árduas e desagradáveis que virão a realizar.

O livro que eles tiveram de ler é *O Príncipe*, escrito no início do século XVI por Niccolò Machiavelli (Nicolau Maquiavel).

POR QUE MAQUIAVEL?

Ninguém discutiu as exigências políticas e morais da liderança com a mesma clareza brutal de Maquiavel. As idéias de Maquiavel sobre o uso adequado do poder sempre fascinaram os grandes pensadores. Minha edição italiana de *O Príncipe* tem uma longa introdução de Hegel, um grande fã de Maquiavel; desde a publicação do livro, praticamente todos os grandes filósofos políticos sentiram necessidade de escrever algo sobre Maquiavel. Essa atenção obsessiva indica um debate apaixonado sobre o significado e a posição de Maquiavel. Há quarenta anos, sir Isaiah Berlin contou vinte interpretações diferentes, variando desde "Maquiavel, o anticristo" até "Maquiavel, o humanista torturado". Isso certamente surpreenderá a maioria daqueles que leram *O Príncipe* na escola, já que poucos dos grandes livros foram escritos com tanta clareza e ausência de ambigüidade; mas o debate continua. E o debate também surpreenderia o próprio Maquiavel, porque a maior parte de sua obra destinava-se aos homens e mulheres de ação e, sobretudo, aos líderes: líderes de religiões, líderes de exércitos e líderes de Estados, monárquicos ou republicanos, ditatoriais ou democráticos. Maquiavel passou a maior parte do tempo em combate, seja no campo de batalha, na corte ou na câmara legislativa. Ele não esperava nem queria ser levado para as bibliotecas dos eruditos. Preferia, e muito, a companhia de comandantes militares, capitães da indústria e estadistas; e todos esses retribuíam a sua estima. Durante a campanha italiana da Segunda Guerra Mundial, os comandantes dos dois exércitos — o general norte-americano Mark Clark e o marechal-de-campo Albert Kesselring, da Alemanha nazista — proibiram suas tropas de se aproximar da antiga propriedade toscana de Maquiavel em Sant'Andrea, na Percussina. Nenhum dos dois queria ser responsável por quaisquer danos ao local histórico.

Maquiavel teve muitas oportunidades de trabalhar com esses líderes ao longo de sua carreira. Seu pai foi um advogado de relativo sucesso, que preferia cuidar das terras e das colheitas. A confortável *villa* rural da família Maquiavel — com a escrivaninha e a pena de Nicolau, onde ele as usou — ainda está de pé na minúscula aldeia de Sant'Andrea, na Percussina, aninhada nas colinas da estrada Florença-Siena, e o maravilhoso vinho Chianti ainda é produzido nos vinhedos dos Maquiavel e de seus vizinhos. Mas Nicolau também era um rapaz de cidade, um ávido participante da grande explosão artística, musical, filosófica e científica que foi a Renascença florentina. Sua capacidade intelectual e sua energia aparentemente inesgotável — teve sete filhos, o último dos quais nascido apenas dois anos antes de sua morte, aos 57 anos de idade — foram reconhecidas pelos líderes da República Florentina e ele, nos últimos anos do século XV, foi nomeado Secretário da República. Tratava-se de um emprego excelente, uma mistura de chefe de gabinete da Casa Branca de hoje e embaixador plenipotenciário, com responsabilidades militares adicionais oferecidas como bônus. Até a queda da República, em 1512, Maquiavel não só participou de discussões políticas de alto nível como também viajou por toda a Europa, levando mensagens para papas e reis, negociando tratados e outros acordos, organizando e treinando a milícia e comandando-a em batalha. Ele era um verdadeiro "viciado no trabalho" e floresceu sob esse regime de ritmo veloz. Mas não sacrificou o coração e a alma ao trabalho; encontrou tempo para a diversão e para o amor e, desde os primeiros dias no cargo, escreveu prolificamente.

Qualquer pessoa na posição de Maquiavel precisaria escrever muito: seus superiores esperavam relatórios completos das viagens, sugestões para a legislação, relatos sobre acontecimentos de possível importância para a República e coisas do gênero. Mas Maquiavel foi muito além dessas exigências burocráticas; ele buscava constantemente os princípios mais gerais baseados em suas experiências. Muitas das famosas regras para líderes, em seus livros *O Príncipe* e *Discursos*, foram desenvolvidas em centenas de cartas a amigos e colegas. Uma edição recente da correspondência de Maquiavel tem 429 páginas impressas com tipo bastante miúdo, e contém apenas parte de suas cartas; no correr dos séculos, muitas cartas se perderam.

Grande parte das criações literárias de Maquiavel foi composta depois de exercer as funções de Secretário da República Florentina, embora ele, de algum modo, tenha encontrado tempo, ainda no cargo, para escrever vários ensaios e uma crônica poética sobre os principais acontecimentos da época. Desde o início, a qualidade de seus escritos foi altíssima; suficientemente boa, na verdade, para ser plagiada (depois de ganhar um processo legal contra o ladrão literário, *A Primeira Década* foi publicada sob o próprio nome de Maquiavel). Suas principais obras, incluindo dramas de sucesso, narrativas e livros sobre política e guerra, seguiram-se à queda da República e à tomada do poder pela família Médici no outono de 1512. Maquiavel foi demitido, banido da atividade política e condenado a um ano de exílio dentro dos limites da cidade de Florença. Poucas semanas mais tarde, foi acusado de conspirar para a queda do governo Médici. Foi atirado na prisão, torturado durante um mês e, enfim, declarado inocente. Banido de participação direta na política, ele seguiu o conhecido provérbio: "Quem puder fazer, que faça; quem não puder, que ensine." Já que estava proibido de entrar no jogo, ele se tornaria o "técnico"; como a invenção da imprensa tornava os livros cada vez mais comuns, ele chegaria até muitos jogadores por meio de seus livros e alcançaria um número ainda maior de pessoas por meio de suas peças.

Maquiavel se lança na nova carreira com a mesma paixão e energia que o alçaram aos mais altos níveis do governo de Florença.

Quando cai a tarde, volto à casa e entro no meu estúdio; na soleira da porta, tiro minhas roupas de trabalho cotidiano (...) e visto os trajes da corte e do palácio. Adequadamente vestido, penetro nas veneráveis cortes dos Antigos, onde, solicitamente recebido por eles, nutro-me com aquele alimento que, *só ele*, é meu e pelo qual nasci; onde, sem sentir vergonha, converso com eles e os questiono sobre o motivo de suas ações, e eles, em sua gentileza humana, me dão resposta. E eu, durante quatro horas, não sinto tédio, esqueço todos os meus problemas, não temo a pobreza e não me deixo aterrorizar pela morte. (...) Anotei tudo o que aprendi conversando com eles e compus um pequeno estudo.[1]

Essas famosas linhas de uma carta a um amigo íntimo anunciam o aparecimento de *O Príncipe*. Como ele diz ao amigo, os exemplos de Maquiavel são tirados do passado, sobretudo da antigüidade clássica, o que era muito apropriado às platéias da Renascença. Já que o nosso sistema educacional não nos oferece mais os conhecimentos necessários para apreciar ou avaliar os exemplos de Maquiavel, neste livro eu substituí muitos deles por exemplos modernos. E como as regras da liderança são as mesmas em todas as esferas da vida, incluí empresários e esportistas ao lado de líderes militares, políticos e religiosos. Em vez dos Bórgias e Sforzas, dos Césares e Médicis, aqui você encontrará Ronald Reagan e Mikhail Gorbachev, Bill Gates e Warren Buffett, Leo Durocher e Vince Lombardi.

Maquiavel apreciaria essa atualização, mas ele certamente insistiria que uma pessoa, para compreender a dinâmica do poder e

---

1. James Atkinson e David Sices, orgs., *Machiavelli and His Friends: Their Personal Correspondence* (De Kalb, Ill., 1996), p. 264.

os métodos da liderança bem-sucedida, precisa estudar a História. Não basta ler jornais, ou assistir televisão, para uma pessoa compreender por si mesma o mundo de hoje. A natureza humana não muda, sobretudo no topo, onde as questões do sucesso e da sobrevivência são supremas e pouco tempo sobra para sutilezas. O estudo sério do passado oferece a matéria-prima para as decisões sábias de hoje e do amanhã. Estamos propensos a cometer os mesmos tipos de erros que nossos predecessores cometeram, e precisamos seguir o exemplo dos grandes atos dos heróis do passado.

Nossos líderes precisam tremendamente de um curso de reciclagem. Entre outras "mancadas", eles invariavelmente dão a resposta errada a uma das perguntas básicas de Maquiavel: É melhor ser mais amado do que temido, ou mais temido do que amado? Alguns líderes ocidentais, de John Major e Bill Clinton a Newt Gingrich, Silvio Berlusconi e Benjamin Netanyahu, procuraram desesperadamente o amor de amigos e inimigos e só conseguiram a ruína de seus empreendimentos nacionais e internacionais. Ronald Reagan, Margaret Thatcher, Lee Kwan Yu, Bill Gates e o papa João Paulo II foram mais espertos e remodelaram o mundo.

Uma última pergunta precisa ser respondida antes de entrarmos na batalha: Como é possível que, depois de quase quinhentos anos, as percepções intuitivas de Maquiavel ainda nos desafiem e nos inspirem tão poderosamente? Claro, ele é um gênio, "um gênio italiano", como enfatizou corretamente o filósofo Benedetto Croce, com aquela singular combinação de sagacidade, talento retórico e análise implacável que caracteriza as mais elevadas conquistas dos pensadores italianos. Porém, há algo mais. Na Florença renascentista, toda a sabedoria recebida era contestada por alguns dos maiores intelectos, aventureiros e artistas que o mundo já conheceu. Novos mundos estavam sendo descobertos, novas obras-primas eram criadas e novas idéias se propunham a cada mês que passava. Tumultos e mudanças caóticas eram coisas comuns.

Um ano depois de Maquiavel começar a trabalhar para a República Florentina (1498), Michelangelo terminava a *Pietà*. O *Davi* foi começado logo depois; completado em 1504, foi colocado diante do Palazzo della Signoria, onde se localizava o gabinete de Maquiavel. Em 1505, Américo Vespúcio lançava velas para a sua segunda viagem às Índias Ocidentais. As quatro viagens de Colombo tinham se realizado, com os judeus expulsos da Espanha no ano de sua primeira viagem — o mesmo ano (1492) em que morrera Lourenço, o Magnífico —, e os exploradores portugueses exigiam a posse de áreas do globo até então somente imaginadas. Em 1510, quando Maquiavel era um bem-sucedido funcionário do governo florentino, Martinho Lutero foi a Roma registrar seu protesto contra a corrupção da Igreja católica. Nenhuma pedra deixaria de ser virada, era o que parecia.

Maquiavel pertencia a esse fermento intelectual e, por isso, testemunhou as dores do parto do mundo moderno e delas participou. Estando presente em sua criação, ele foi capaz de ver com clareza incomum as regras fundamentais da liderança moderna, e as apresentou com uma franqueza brutal. Assim diz seu biógrafo Sebastian de Grazia, laureado com o Prêmio Pulitzer: "Nicolau inventa um novo raciocínio moral e, ainda mais, redimensiona o mundo, visível e invisível, equilibrando céu e inferno e abrindo espaço para uma Terra diferente."[2] Nós habitamos essa "Terra diferente" e as regras de Maquiavel são tão válidas para nós quanto o foram para os líderes a quem ele aconselhou quinhentos anos atrás.

Antes da Renascença, o senhor de um domínio podia se proteger contra os inimigos externos construindo um castelo e uma muralha. Se fosse cercado, podia contratar mercenários ou procurar aliados para levantar o cerco; nesse meio-tempo, as muralhas protegeriam a ele e aos seus súditos. Mas na época em que Maquia-

---

2. Sebastian de Grazia, *Machiavelli in Hell* (Nova York, 1994), p. 21.

vel galgou uma posição de grande poder no governo de Florença, os exércitos já possuíam artilharia capaz de abrir buracos nas muralhas em questão de minutos; não havia como procurar aliados ou contratar mercenários para defender o senhor e seus súditos enquanto o inimigo entrava pelas brechas da muralha. A partir daí, a sobrevivência depende da vontade dos súditos de lutar e morrer pelo seu senhor. Convencer o povo a fazer isso é uma tarefa política. Exige métodos de liderança que eram desconhecidos ou, como diria Maquiavel, que foram esquecidos durante a Idade Média. É por isso que Maquiavel insiste na criação de exércitos nacionais, não mercenários. Ele compreende que os soldados desses exércitos nacionais precisam ser motivados. Morrer pelo próprio país não é uma coisa que surge naturalmente; exige do soldado a crença no valor da sua causa e na nobreza dos seus líderes. A política moderna nasceu dessa necessidade e nós, modernos, a ignoramos mesmo que nossa vida esteja em risco. Os inimigos estão sempre prontos para marchar, voar ou lançar-se ao mar.

Maquiavel rejeita a idéia simplista de que a guerra é um desvio drástico do comportamento normal. Tendo estudado História, Maquiavel sabe que a paz é mais rara do que a guerra. Talvez não saibamos quem será o nosso próximo inimigo, mas podemos ter certeza de que haverá um inimigo; e os líderes que deixarem de se preparar para a próxima guerra — no campo de batalha, nas urnas ou no mercado — provavelmente serão derrotados. Maquiavel nos diz como projetar e implementar estratégias vencedoras.

Além da mudança, Maquiavel compreende o papel da sorte. No auge do poder, embora não lhe coubesse a mínima culpa, ele é demitido, preso, torturado e banido das atividades a que devotara quase todos os seus pensamentos e paixões. Má sorte! Ele lambe as feridas, volta seu gênio para a escrita e passa a maior parte do tempo numa estalagem local, bebendo, praguejando e jogando gamão e um carteado toscano. Esses jogos envolvem tanto a sorte quanto a habilidade. Num momento qualquer, mesmo o melhor jogador do mundo pode ser derrotado por uma maré de azar, embora, com o tempo, é certo que o grande jogador ganhará e o novato (ou o incompetente) perderá. Suspeito que o amor de Maquiavel pelo baralho teve alguma importância no desenvolvimento da sua política, pois quem joga cartas vive num mundo bem diferente daquele em que vive quem joga jogos de tabuleiro. O tabuleiro nada esconde e o jogador não precisa se comunicar com os outros. Nos carteados, a maioria das cartas fica escondida durante grande parte de cada rodada e a comunicação — seja por lances ou apostas — é parte integrante da partida. Onde há comunicação, surge toda uma série de problemas: se você revela tudo ao seu parceiro, seus inimigos obtêm a mesma informação e talvez ela seja mais valiosa para eles do que para o seu aliado. Você então opta por lograr os inimigos, mas com isso corre o risco de induzir o parceiro a errar antes deles e traz a ruína para o seu próprio lado.

Não é por acaso que esse amante do baralho aprecia a importância — e o risco — da comunicação, incluindo o sigilo e o logro. Maquiavel usa códigos em parte da sua correspondência oficial, e foi um dos primeiros pensadores políticos a explorar a nova tecnologia da imprensa para divulgar suas idéias. Ele se sentiria bem em casa nos escalões superiores das grandes corporações ocidentais, onde príncipes modernos como Warren Buffett e Bill Gates passam muitas horas felizes jogando bridge, o jogo que mais bem combina todos esses elementos da comunicação com enormes desafios técnicos, embora conserve o elemento de sorte, que pode destruir o plano mais brilhante ou transformar um tolo no herói do dia.

Finalmente, assim como nós, Maquiavel fica entristecido, frustrado e às vezes até enfurecido ao ver a liderança medíocre, mais corrupta do que corajosa, mais autocomplacente do que grande de espírito. Ele sabe, pelo estudo da História, que os homens e as mulheres geralmente são assim mesmo, mas também sabe o que é a grandeza e como ela pode ser alcançada pelos melhores dentre nós. Ele não é otimista quanto ao curso dos assuntos humanos, mas não foge ao desafio de despertar, educar e talvez inspirar uma nova linhagem de líderes. Às pessoas que se preocupam com o país, Maquiavel pede que arrisquem tudo, mesmo a alma imortal, para chegar ao poder e tirar o povo do lodo moral no qual tombou.

O propósito de *Maquiavel e a Liderança Moderna* é o mesmo do próprio Maquiavel: apresentar os princípios básicos do uso apropriado e bem-sucedido do poder em linguagem que os líderes contemporâneos possam compreender, para melhor promover o bem comum. Assim como Maquiavel, vivemos um momento de mudanças profundas em todas as áreas da atividade humana. Assim como ele, vemos a corrupção se alastrando profundamente pelas sociedades ocidentais no momento exato em que derrotamos muitos dos nossos mais perigosos inimigos. Parece que o sucesso carrega seus próprios riscos; ser "o líder" [seja como indivíduo, grupo ou empresa] nos torna mais vulneráveis à autocomplacência e menos atentos às exigências de virtude que estão por trás de todo empreendimento duradouro.

Maquiavel é visto comumente como o cínico absoluto, como um apologista dos ditadores. O adjetivo "maquiavélico" tem sido aplicado a líderes cruéis e prontos a fazer de tudo para conservar ou aumentar sua riqueza e seu poder. Talvez seja surpreendente, portanto, descobrir que Maquiavel prefere as instituições livres às arbitrárias, e reserva seu maior desdém aos tiranos. Maquiavel também tem muito a dizer sobre a importância da fé religiosa e da virtude. Ele acredita que, junto com bons soldados e boas leis, o melhor Estado — aquele que repousa sobre a livre atividade de seus cidadãos — requer boa religião. Ele considera Moisés como o maior de todos os líderes por ter criado uma nova religião e um novo Estado e por ter conversado com Deus. Maquiavel acredita que o temor a Deus forma o alicerce do respeito pelo ser humano. Na verdade, seu conceito de cristianismo está em franco desacordo com a teologia e a prática predominantes em sua época. Maquiavel considera a Igreja católica romana demasiado corrupta e negligente. Ele quer uma versão mais dura, mais viril da fé, capaz de inspirar os homens a lutarem pela glória de seu país; e ele quer uma Igreja mais espartana, devotada à glória do espírito e não à riqueza material da corte papal.

Sempre realista, ele sabe que os líderes às vezes terão de violar restrições religiosas para vencer inimigos e concorrentes implacáveis ou para devolver a saúde a uma empresa corrompida. Mas ele condena os líderes que fazem do oportunismo cínico a marca registrada de suas carreiras. Ele quer que seus líderes sejam virtuosos e transmitam padrões virtuosos aos seus seguidores.

Maquiavel usa a palavra "virtude" de muitas maneiras diferentes, às vezes indicando "poder" e, em certos momentos, referindo-se ao órgão masculino ereto. Em sua peça *O Asno*, ele escreve:

> Minha mão não se deteve num único lugar;
> Mas, percorrendo partes do corpo dela,
> a virtude perdida firme retornou.

Mas ele também usa a palavra "virtude" no sentido tradicional de valor, excelência, mérito, perfeição moral. Isso é bem diferente do uso corrente e, como observou certa vez o filósofo Leo Strauss, é misterioso que "uma palavra usada para indicar a masculinidade do homem tenha chegado a indicar a castidade da mulher". Mas esse é um problema diferente, do qual não nos ocuparemos aqui. Maquiavel é da velha escola e considera a virtude, no seu sentido tradicional, como um ingrediente essencial — na verdade, a mais elevada conquista possível — da boa liderança. Esse é o significado de virtude nas páginas que vêm a seguir.

Meditando sobre a falta de virtude dos líderes italianos, Maquiavel pouco encontra que lhe cause surpresa. Afinal de contas, a corrupção e desintegração das grandes empresas não é fato novo nem chocante. É a nossa história e o nosso destino. Mesmo as mais gloriosas conquistas humanas, as criações dos líderes mais virtuosos, geralmente tiveram vida curta. Todas elas caíram, na maioria das vezes por causa de deterioração interna. A Israel de Moisés foi destruída, bem como o Império Persa de Ciro. Teseu, o terceiro na trilogia maquiavélica dos líderes mais gloriosos, colocou Atenas no rumo da civilização, mas a Idade de Ouro da Atenas de Péricles durou menos que um século.

Maquiavel compreende a patologia dessa doença fatal do corpo político. Ele identificou e catalogou os micróbios que infectam a mente e o espírito dos líderes, arrastando a todos nós para a ruína. Quem olhar para o mundo moderno através dos olhos de Maquiavel, verá — como ele viu em sua época — uma epidemia de corrupção, causando uma perigosa escassez de líderes virtuosos e uma ameaça crescente à liberdade. Seu diagnóstico nos ajuda a compreender melhor nossos problemas de hoje e as qualidades exigidas dos líderes capazes de restaurar a virtude e conservar livres as instituições. Embora Maquiavel não seja otimista quanto ao resultado final, ele oferece a cura.

Mas é uma terapia dolorosa.

CAPÍTULO UM

O Curso dos Acontecimentos Humanos

Os assuntos humanos se encontram num estado de movimento perpétuo, seja ascendendo ou declinando...

Se você vai liderar, terá de lutar. Quer esteja subindo a ladeira, batalhando para ganhar mais poder, ou já tenha se instalado no topo, lutando para manter e expandir o seu poder, você está envolvido numa batalha. E já que, como diz Maquiavel, "os homens estão mais prontos para o mal do que para o bem", os líderes e candidatos a líder têm sede de sangue.

A sede de sangue deriva da ambição e a ambição humana é ilimitada, tanto a dos indivíduos quanto a das instituições que eles criam. A luta pelo poder começa com a tentativa de criar para si uma zona livre dos outros, e continua com a extensão do domínio sobre os outros. "Primeiro, [os homens] procuram se garantir contra o ataque; depois, eles atacam os outros."[1] Primeiro vem a luta pela sobrevivência, ou para libertar-se da dominação, e depois vem a "luta pela ambição, tão poderosa no coração humano que, por

---

1. *Discursos sobre os primeiros dez livros de Tito Lívio*, I, 46. [O autor utilizou *Discorsi sopra la Prima Deca di Tito Livio* (Turim, 1983, Corrado Vivanti: editor) como fonte das citações de Nicolau Maquiavel.]

mais que este se eleve, ela nunca o abandona".[2] Vimos esse processo em muitas das novas democracias formadas depois da queda da União Soviética. Anticomunistas heróicos, como Lech Walesa, rapidamente desenvolveram a paixão pelo poder e continuaram a lutar, não mais por uma causa, mas por seu avanço pessoal. Depois de derrotar a ditadura comunista na Tchecoslováquia, Vaclav Havel tornou-se um herói internacional, em parte por ser um dramaturgo que jurou voltar ao trabalho literário após um breve período no governo — mas ele ainda está no Castelo de Praga.

A meta é o poder, que significa dominar os outros, e os vencedores nele se refestelam, saboreando aquilo que Maquiavel chama de "a doçura da dominação". O poder sobre os outros é uma droga que vicia, estimula o desejo por mais e mais. Esse desejo, porém, nunca é totalmente satisfeito; os homens, portanto, mesmo os mais poderosos, estão sempre insatisfeitos. Eles querem tudo, mas não podem ter tudo. Já que o desejo de mais poder e riqueza — as armadilhas do poder — é sempre maior do que nossa capacidade de acumulá-los, Maquiavel observa francamente: "Daí resulta continuamente um descontentamento." Maquiavel não acredita que os "que têm" sejam intrinsecamente diferentes dos "que não têm", nem inatamente superiores a eles. Na verdade, eles agem de maneiras diferentes, mas isso é apenas o resultado das circunstâncias: os homens são "insolentes quando seus negócios estão prosperando e abjetamente servis quando a adversidade os fere". Ele sabe que, tendo a oportunidade, os "que não têm" se comportarão tão mal quanto os "que têm"; é tudo uma questão de oportunidade, de sorte, bem como da firmeza, energia, determinação, esperteza e tenacidade — e às vezes sabedoria — daqueles que manobram em busca de mais riqueza e poder.

O impulso para a expansão, portanto, é intrínseco em todas as instituições humanas. O poder e a riqueza existem para serem

---

2. *Discursos*, I, 37.

agarrados e, se você não os pegar, outra pessoa os pegará. É uma ilusão, uma ilusão potencialmente fatal, acreditar que sua família, seu país, sua empresa ou sua equipe, uma vez estabelecidos com conforto e sucesso, conseguirão viver felizes para todo o sempre. Você não tem a opção de sair do jogo. "É impossível para uma república [ou, na verdade, para qualquer outra instituição humana] permanecer por muito tempo no tranqüilo desfrute de sua liberdade dentro dos limites de suas fronteiras", ensina Maquiavel:

> Pois mesmo que essa república não moleste os outros, os outros a molestarão; ao ser molestada, nascerá nela o desejo e a necessidade de conquistas; e ela, se não tiver inimigos externos, encontrará inimigos internos entre seus próprios cidadãos.[3]

Tumulto

A mudança — sobretudo a mudança violenta — é a essência da história humana. Maquiavel conta uma história das origens dos sistemas políticos que gira em torno do tumulto constante.[4] Nos velhos tempos, quando a população era bem menor, não precisávamos de governos porque a humanidade se espalhava por todos os cantos em pequenos grupos. Mas depois de eras, formaram-se grupos e cada grupo escolhia para líder o homem mais forte e mais bravo. Nessas condições de governo rudimentar — uma forma primitiva de despotismo iluminado, ou do Bom Czar —, os homens aprendiam a distinguir "aquilo que é honesto e bom daquilo que é pernicioso e mau". Maquiavel não está falando de valores absolutos, mas de política, da relação entre governante e súditos:

---
3. *Discursos*, II, 9.
4. *Discursos*, I, 1.

Ver alguém insultando o próprio benfeitor evocava neles o ódio e a solidariedade; eles censuravam o ingrato e respeitavam os que mostravam gratidão, sabendo muito bem que os mesmos insultos poderiam ter sido dirigidos a eles próprios. Por isso, para impedir esse tipo de mal, eles começaram a fazer leis e designar punições para quem as transgredia. Foi assim que nasceu a noção de justiça.

Uma vez tendo as leis em vigor, não precisávamos mais de um guerreiro no comando; na verdade, era melhor ter um líder mais prudente, mais preocupado em preservar a justiça. Esse foi o primeiro Estado Bom: sua bondade era garantida pelas leis e não pelas qualidades de um único líder. Mas não durou muito. Depois de algum tempo, a liderança tornou-se hereditária e os líderes subseqüentes degeneraram, dedicando-se aos excessos de "extravagância, lascívia e a todas as outras formas de licenciosidade". Os povos odiavam os novos líderes corruptos e esses líderes, temendo a justa indignação do povo, criaram a tirania. Esse foi o Estado Mau e, felizmente, também não durou muito.

Homens bons, "notáveis por seu liberalismo, magnanimidade, riqueza e capacidade", organizaram conspirações contra o tirano e arregimentaram o povo. Uma vez derrubado o tirano, os líderes da revolução estavam decididos a evitar a concentração do poder nas mãos de um único líder e, por isso, organizaram uma aristocracia virtuosa que cuidou de reafirmar a primazia das boas e velhas leis. Os aristocratas "subordinaram sua própria conveniência ao bem comum e, tanto nas questões privadas quanto nos assuntos públicos, governaram e preservaram a ordem com a maior diligência". Outro Estado Bom — também ele destinado a cair em pouco tempo.

Chegaram então ao poder novos aristocratas, que "não tinham experiência da mutabilidade da fortuna", achavam que seu poder estava garantido e acreditavam que ele duraria para sempre.

Também entraram em decadência, assim como os descendentes do Bom Czar. O poder tornou-se hereditário, a ganância e a licenciosidade difundiram-se, os direitos civis foram desprezados e a oligarquia do mal tomou conta de tudo. Com o tempo, os povos passaram a odiar os oligarcas e, inspirados por algum líder adequado, os destruíram. E tendo agora aprendido que o Bom Czar se transformava num tirano e que os nobres aristocratas se tornavam oligarcas corruptos, o povo criou uma democracia, com salvaguardas contra a acumulação do poder seja nas mãos de um indivíduo forte ou de um grupo limitado. Essa foi a terceira forma de Bom Governo e também ela teve vida curta. No espaço de uma geração, a democracia degenerou em anarquia e um novo líder forte surgiu para restaurar a ordem, recomeçando assim todo o ciclo.

Se não houvesse inimigos externos, o ciclo poderia se repetir para sempre, mas na prática são bem poucos os Estados que sobrevivem por tempo suficiente para voltar à "tecla de início". Durante um de seus momentos de degeneração, fraqueza ou caos, algum vizinho mais forte os domina ou os apaga do mapa.

É um conto de fadas político e, como todos os bons contos de fadas, nos diz algumas coisas básicas sobre nós mesmos. Maquiavel lembra-nos que todos os sistemas políticos são frágeis e podem ser derrubados a partir de dentro ou de fora. Em vista da história da raça humana, não causa surpresa a ninguém quando os governantes caem, quando um país é conquistado por outro ou mesmo quando as massas promovem uma insurreição. Esses acontecimentos pertencem à natureza da política, porque todo tipo de governo é fundamentalmente defeituoso. Os bons governos — o Bom Czar, a aristocracia nobre e a democracia pura — tendem a ter vida curta, enquanto os maus governos — o Mau Czar e a oligarquia — são odiosos e perversos, provocando uma violenta oposição que acaba por leva-los à ruína. A anarquia simplesmente abre a porta para uma nova tirania.

Assim como nações e impérios vêm e se vão, o mesmo acontece com os outros ambiciosos empreendimentos humanos. A Eastern Airlines se foi, junto com a Pan Am, que antes era a maior empresa aérea do mundo. Os automóveis Packard se foram, junto com os magníficos Bugatti, Studebaker e Dusenberg. Foi-se o Fokker, junto com Curtis Wright, Douglas, Grumman, McDonnel, Sud Aviation, Vickers e De Havilland, todos eles sucessos gloriosos nos dias já passados da aviação, todos eles desaparecidos por completo ou engolidos pelos seus inimigos. Grandes bancos, como BCCI, First American e Ambrosiano também se foram; as lojas Woolworth, arquétipos da vida norte-americana, fecharam suas portas em todo o país. Famílias reais foram para o túmulo, como os Romanov, ou para o exílio, como a italiana Casa de Savóia e suas correspondentes gregas, líbias, búlgaras, albanesas, iranianas e romenas. George Bush, em dado momento o presidente mais popular na história dos Estados Unidos, foi derrotado poucos meses mais tarde por Bill Clinton, obscuro governador do insignificante Estado de Arkansas.

O andamento pode variar, mas a estabilidade só existe no túmulo, não nesta vida. Cabe, portanto, ao homem e à mulher de ação (Maquiavel está bem consciente da grandeza das mulheres), e especialmente àqueles que pretendem liderar grandes empreendimentos, estar prontos a todo instante para mudar estratégias e táticas. Como disse Emerson: "A solidez tola é o demônio das mentes pequenas, adorado por pequenos estadistas, filósofos e religiosos. Uma grande alma simplesmente nada tem a ver com a solidez."[5]

Na véspera da Batalha de Waterloo, em 1815, um dos generais ingleses pediu que o duque de Wellington descrevesse sua estratégia para o dia seguinte, pensando que, se Wellington tombasse, os outros seriam capazes de levar em frente seu plano para

---

5. Ralph Waldo Emerson, "Self-Reliance", em *Essays* (Boston, 1841).

derrotar os exércitos de Napoleão. Wellington ficou espantado com o pedido. "Se você quer saber os meus planos", respondeu ele, "primeiro diga-me o que Bonaparte vai fazer." Wellington pretendia vencer observando as ações do inimigo e então agindo, uma estratégia flexível inteiramente de acordo com a visão de mundo de Maquiavel. Os líderes bem-sucedidos precisam estar prontos a mudar seus métodos, porque é difícil prever as condições, em primeiro lugar, e mesmo que você as preveja corretamente no início, as coisas estarão sempre mudando.

"Toda pessoa sábia o bastante para compreender os tempos e os tipos dos assuntos" — diz Maquiavel numa de suas típicas frases "boas novas/más novas" — "sempre teria boa sorte (...) e o homem sábio governaria as estrelas e os Destinos." Ele não acredita inteiramente nisso — como veremos, ele tem muito medo da Fortuna [sorte] — e sabe que ninguém é suficientemente sábio para compreender os tempos durante um longo período. O imperativo para os líderes é absoluto: aprontem-se para mudar.

OS ARTISTAS DA MUDANÇA

Na poderosa Wall Street ou na rua principal de qualquer cidadezinha, assim como na política, no atletismo e na guerra, o sucesso freqüentemente vai para a pessoa que percebe que havia cometido um erro e muda rapidamente, ou para alguém que sente que a estratégia vencedora já não serve mais e a abandona, enquanto os outros ainda o estão imitando. Os líderes vencedores são invariavelmente bons "técnicos esportivos", porque são os primeiros a ver como as coisas estão indo, percebem depressa o porquê e então fazem as mudanças apropriadas. Quantas vezes você já não viu um jogo de futebol ou basquete virar dramaticamente depois do intervalo? Os "ajustes do meio tempo" são exatamente como as improvisações de Wellington no campo de batalha, ao ser atacado por Napoleão.

Alguns técnicos esportivos foram capazes de mudar seus métodos de acordo com os jogadores de que dispunham. Por exemplo, o técnico de basquete Pat Riley produziu times vitoriosos com estilos radicalmente diferentes, cada um deles adequado ao talento dos jogadores. Em Los Angeles, seus times apresentavam um enganador manejo da bola e saídas rápidas. Em Nova York, os Knicks eram um time lento e cauteloso, cuja personalidade repousava numa defesa implacável. Em Miami, Riley mostrou que conseguia vencer mesmo com talentos medíocres, dizimados por contusões e desmoralizados pela perda das duas estrelas do time. Usando métodos diferentes em diferentes circunstâncias, adaptando-se aos variados desafios que encontrava, Riley repetidamente ajustou sua maneira de fazer as coisas às condições de cada momento. Esse é um fenômeno bastante raro; porém ainda mais raro é o líder que consegue mudar de carreira sem perder o brilhantismo. Podemos contá-los nos dedos.

George Washington foi primeiro uma figura política, depois um líder militar e, enfim, um grande presidente. Charles de Gaulle e Dwight Eisenhower, grandes líderes militares, tornaram-se presidentes notáveis. Napoleão foi um gênio militar cujas contribuições à política e à legislação — o Código Napoleônico — terão vida muito mais longa do que os efeitos das suas proezas militares. Colin Powell foi um líder militar bem-sucedido que se tornou uma figura política e gostaria de se tornar presidente. Não há muitos como eles. O sucesso desses poucos indivíduos seletos mostra como são raros os que alcançam a excelência em mais de um tipo de atividade — a eles damos o nome de "homens da Renascença".

Da atual geração de líderes empresariais globais, ninguém incorpora tão bem a flexibilidade mencionada por Maquiavel como Bill Gates, da Microsoft. Gates começou como advogado, mas deixou Harvard em 1975, quando um grande amigo, que era um prodígio matemático, Paul Allen, o convenceu de que o novo *chip* microprocessador 8080 da Intel tornaria possíveis os computadores pessoais. Ao contrário de alguns de seus primeiros concorrentes, que atrelavam o carro a produtos ou conceitos específicos, Gates e Allen partiram para "agradar o freguês" — todos os fregueses que conseguissem alcançar. Em cada estágio da evolução da Microsoft, Gates construía em cima do trabalho de outras pessoas, tentando adaptar os produtos da Microsoft ao *hardware* mais recente e ao *software* mais avançado. Gates e Allen criaram a linguagem de programação (o Basic) para o primeiro microcomputador realmente popular (o Altair). O Basic foi produzido em inúmeras versões, tantas quanto o número de microprocessadores e de sistemas operacionais. Gates queria sua linguagem em todos os computadores, fossem eles como fossem e como quer que operassem. No início, os produtos Microsoft eram vendidos nos Estados Unidos, na Europa e no Japão. Essa estratégia exigia uma flexibilidade considerável, pois Gates precisava ser capaz de se ajustar às rápidas mudanças em três mercados bem diferentes com três culturas totalmente diversas.

Gates é um grande maquiavélico porque instituiu a mudança e a flexibilidade na Microsoft desde o começo e porque, embora lutasse implacavelmente para dominar o mercado, nunca tentou dominar a direção do mercado: Gates se concentrava em compreender para onde seguia o mercado e, então, tornar-se a força dominante na nova fase. O Basic foi o primeiro exemplo da estratégia de Gates; duas outras vieram depois: DOS/Windows e Internet Explorer. O sucesso do Basic foi o resultado de trabalho árduo e de uma extraordinária percepção do emergente mercado de computadores.

Em sua maioria, os líderes *não* mudam com os tempos, por duas boas razões. Primeiro, não podemos mudar nossa natureza (assim, se estivermos mal aparelhados para as novas condições, estaremos perdidos). A segunda razão, paradoxalmente, deriva da natureza das pessoas bem-sucedidas. Já que alcançaram sucesso no passado, elas pressupõem que os mesmos métodos que as levaram até lá as manterão no topo. "É isso", recorda Maquiavel, "que causa o sucesso diverso de um homem; pois os tempos mudam, mas ele não." E não apenas de um homem isoladamente: "A ruína de Estados é causada da mesma maneira."

Há mesmo algumas áreas de atividade competitiva, como os negócios imobiliários, nas quais a incapacidade de mudar (e, portanto, a ruína do líder) parece ser quase uma parte integrante da atividade. Os valores dos imóveis variam com a inflação e a pessoa que adota os métodos maquiavélicos e estuda a história dos investimentos imobiliários vê rapidamente que períodos de inflação são inevitavelmente seguidos por deflações. Os investidores que deixam de se proteger contra futuros declínios no valor correm o risco de sofrer sérios prejuízos. Isso tem sido dito e repetido vezes sem conta por analistas e profissionais do ramo, porém os magnatas da indústria imobiliária continuam a ser vitimados pelas oscilações deflacionárias que "deveriam ter sido previstas". Eles são estimulados, em sua extravagância financeira, pelas leis tributárias que em quase toda parte levam uma fatia substancial dos ganhos de capital. Como não querem pagar impostos, os magnatas do ramo imobiliário procuram reciclar seus lucros. O império imobiliário típico, portanto, é altamente alavancado, pois os lucros são constantemente reinvestidos em novos e maiores investimentos; com isso, fica ainda mais difícil converter tudo em dinheiro num tempo hábil.

O exemplo mais recente dessa catástrofe recorrente é o espetacular colapso do "império" Reichmann no começo da década de 1990. Os Reichamnn emigraram para o Canadá em meados dos anos 50 e abriram um negócio de importação de azulejos; saíram-se muito bem e investiram os lucros em terras na cidade de Toronto. Esses investimentos foram ainda melhores e sua firma, Olympia & York, expandiu-se rapidamente e ganhou a liderança no mercado imobiliário canadense. No final dos anos 70, eles tinham se tornado uma força também nos Estados Unidos e na Inglaterra. Mal se passou uma década e Olympia & York já era um imenso império imobiliário; eles se tornaram o maior proprietário de terras em Manhattan e, agora, embarcavam num projeto de vários bilhões de dólares em Londres, conhecido como Canary Wharf. Esse grandioso empreendimento seria o desastre dos Reichmann. Para financiar o projeto Canary Wharf, eles negociaram pesados empréstimos contra o valor nominal de suas outras propriedades e o valor de sua reputação como investidores infalíveis.

Se o custo do dinheiro tivesse permanecido relativamente constante (ou, melhor ainda, se tivesse declinado), os Reichmann teriam alcançado o sucesso; mas as taxas de juros subiram, impelidas pela inesperada queda do Muro de Berlim e a rápida reunificação da Alemanha. A Alemanha Ocidental, forçada a absorver os enormes custos associados à integração da Alemanha Oriental e, como sempre, obcecada pelo medo da inflação galopante, aumentou as taxas de juros sobre o marco alemão. As outras moedas seguiram seu passo e os Reichmann subitamente se viram incapazes de pagar seus imensos empréstimos. A Olympia & York faliu. De um dos maiores impérios financeiros do mundo, a Olympia & York tornou-se um dos maiores fracassos empresariais da história. Os Reichamnn não tinham previsto a mudança das circunstâncias e, quando ela ocorreu, foram incapazes de se adaptar com a rapidez necessária.

Mesmo os grandes líderes podem ser facilmente vitimados por uma mudança dramática das circunstâncias. Winston Churchill foi um semideus durante a Segunda Guerra Mundial; mas, uma vez derrotados os fascistas, foi derrotado pelo voto popular e perdeu o cargo. George Bush foi considerado inapto para tratar as questões pós-Guerra do Golfo com que se defrontavam os Estados Unidos. Em parte, esses fracassos derivam da ingratidão popular, assunto ao qual Maquiavel devota estes versos:

Acontece que às vezes te afadigas servindo
e então, por teus bons serviços, tens como paga
miserável vida e morte violenta.
Portanto, como a Ingratidão não está morta
devemos todos fugir das Cortes e dos Estados:
pois não há mais curto caminho que leve o homem
a chorar sobre o que desejava, uma vez conseguido.[6]

Mas, na maior parte do tempo, o ingrediente básico é a incapacidade do líder de se adaptar ao tumulto dos acontecimentos humanos.

GUERRA E OUTRAS COISAS NORMAIS

Nós, pessoas nascidas no século XX, não deveríamos precisar desse lembrete; afinal de contas, nossa vida atravessou o período mais revolucionário da história humana. O século XX começou com a queda dos impérios Austro-Húngaro e Otomano, e terminou com a implosão do Império Soviético; entre um e outro, entram como extras o fim do colonialismo e a derrota dos regimes fascistas. Somente no último quarto de século, tantos tiranos caíram no mundo todo que ninguém mais consegue lembrar o nome deles (*você* lembra quem foram os últimos ditadores comunistas da

---

6. Maquiavel, "Ingratitudine", traduzido [do italiano para o inglês] por Sebastian de Grazia, citado em de Grazia: *Machiavelli in Hell* (Nova York, 1994), p. 83.

Alemanha Oriental e da Hungria?). Os Estados Unidos venceram três guerras mundiais, culminando com a vitória espantosa e praticamente sem sangue sobre o Império Soviético no final da Guerra Fria. De todo modo, a imensa maioria dos norte-americanos acredita que a paz é o estado normal da humanidade e constantemente se espanta (ficando às vezes perturbada) com a deflagração de guerras ou formas mais limitadas de violência, tais como insurreições, revoluções, assassinatos políticos, perturbações da ordem pública e coisas do gênero. Você talvez pense que o século XX, tão sangrento e tumultuado, nos ensinou que a paz não é o nosso estado normal e que é melhor nos prepararmos para a próxima guerra, certos de vencê-la com o mínimo custo. Não! A cada vez, as forças armadas foram dramaticamente reduzidas, os "rapazes" voltaram "para casa" e o público em geral perdeu o interesse pela política externa, acreditando que, dessa vez, por fim, uma paz estável e duradoura finalmente foi estabelecida. É assim, infelizmente, que as sementes da próxima catástrofe são semeadas antes mesmo que esfrie o corpo do inimigo derrotado.

A paz *não* é o estado normal da humanidade. A guerra e a preparação para a guerra são os temas da história humana. Séculos como o XIX — quando a Europa experimentou um incomum intervalo de tranqüilidade relativa entre o fim das Guerras Napoleônicas e a deflagração da Primeira Guerra Mundial — são raros. Os conflitos sangrentos são o *leitmotiv* [motivo condutor] da História. Qualquer líder que pense o contrário segue o caminho da ruína, ou pelo menos corre esse risco.

O conflito não é a conseqüência da busca racional do interesse próprio, seja por parte dos Estados ou dos indivíduos; o conflito brota diretamente das mais profundas fontes da natureza humana. Ele não é uma aberração, nem provém da incapacidade de compreender; o conflito é uma parte integrante daquilo que somos. Ele se aplica a todas as atividades humanas, externas e internas, acadêmicas e atléticas, nos negócios assim como nas buscas das pessoas de fé. A dor cairá sobre nós se estivermos despreparados para a guerra, seja no campo de batalha ou nas suas outras formas: insurreição nacional ou terrorismo, negócios implacáveis ou competição atlética. Nossos desafios, quer se trate de novos times na Liga ou de empresas japonesas fabricando automóveis melhores e mais baratos, não serão enfeitiçados pela atraente racionalidade, pois eles buscam nos dominar. Se você vai ser um líder, precisa fazer uma escolha simples: dominar ou ser dominado.

Nesse caso, todos aqueles nobres esforços para prevenir as guerras "educando" as pessoas a resolverem pacificamente seus problemas, ou redigindo tratados que tornam ilegais todas as guerras, ou certos tipos de guerra, não só estão destinados ao fracasso como também, na verdade, tornam as coisas ainda piores. Como diz Donald Kagan em seu brilhante estudo *On the Origins of War and the Preservation of Peace* [Sobre as origens da guerra e a preservação da paz]: "De nada adianta os Estados que buscam preservar a paz mostrarem boa vontade, desarmamento unilateral, evitarem alianças, ensinarem e pregarem os males da guerra."[7] Devemos ter cuidado com aqueles que, pressupondo que a guerra é coisa do passado, dizem que precisamos nos preparar somente para a paz. Eles são bem mais perigosos do que aqueles que, compreendendo a natureza humana, se preparam para a guerra.

DOMINGO, 6 DE JULHO DE 1997. FILADÉLFIA (Reuters) — O magnata da mídia Ted Turner subiu ao palco como estadista no Dia da Independência, sexta-feira passada, e pediu um plebiscito nacional para trocar o *Star-Spangled Banner* por um hino menos "bélico".

---

7. Donald Kagan, *On the Origins of War and the Preservation of Peace* (Nova York, 1995), p. 570.

Turner, que recebeu a Medalha da Liberdade da Filadélfia por ter fundado a CNN, recomendou insistentemente que *America the Beautiful* fosse adotado como hino nacional norte-americano agora que grande parte do mundo está livre de conflitos armados. "O hino deveria ser trocado porque o *Star-Spangled Banner* é uma canção guerreira", disse Turner na cerimônia de entrega da medalha. "Agora que todo o hemisfério ocidental está em paz, a maior parte do mundo está em paz. É hora de mudar com os tempos, porque a fraternidade é muito mais importante do que a força militar e é exatamente disso que fala o hino *America the Beautiful*."

Ted Turner, dentre todas as pessoas, faria melhor ficando de boca fechada, porque sua vida foi uma batalha constante construindo vitoriosos barcos de corrida, excepcionais times atléticos profissionais e a rede de notícias mais popular do mundo. Se alguém tivesse lhe aconselhado, "Não crie a CNN, as redes estão convivendo em paz", ele teria descartado o conselho como indigno de qualquer pessoa séria. E os países não são menos agressivos do que os homens de negócios.

Aqueles que perseguem a paz a todo custo e não dão os passos necessários para se defender do próximo ataque correm o risco de sofrer algo que Maquiavel considera ainda mais terrível do que a luta: ser derrotado e dominado pelos inimigos. Se você não lutar, será dominado pelos vencedores. É melhor ser você mesmo um vencedor, porque então você dominará, o que significa — por algum tempo, em todo caso — que você terá um inimigo a menos com que se preocupar. O comentarista militar Flavius Vegetius Renatus já tinha entendido toda a questão no quarto século: "Quem deseja a paz, que se prepare para a guerra." Donald Kagan faz eco a esse pensamento:

O que funciona melhor, ainda que imperfeitamente, é a posse, por parte dos Estados que desejam preservar a paz, do poder preponderante e da vontade de aceitar os fardos e responsabilidades exigidos para alcançar aquele propósito.[8]

É por isso que um dos principais maquiavélicos dos tempos modernos, Vincent Lombardi, lendário técnico dos Green Bay Packers, estava certo ao dizer que "vencer não é a coisa mais importante; vencer é a única coisa que importa". Se somos dominados, é provavelmente por nossa própria culpa. William Shakespeare, bem versado em Maquiavel, assim se expressou: "A culpa, caro Brutus, não está nas estrelas / Mas em nós mesmos, que somos subordinados a elas." As pessoas preparadas para aprender com Maquiavel nunca cometem esse erro. O jovem François Mitterrand, escrevendo para sua irmã em 1938 (ano em que Neville Chamberlain cedeu à vontade de Hitler e abandonou a Tchecoslováquia aos exércitos do Terceiro Reich), delineou o seu lema de vida: "Tudo leva a isto: vencer ou perder. Como as coisas nunca permanecem estacionárias, não se mover significa começar a perder."[9]

Claro, ninguém disse que ia ser fácil. "Como é difícil vencer!", lamentou-se Mitterrand. "Quanto trabalho paciente é exigido! Não se pode deixar passar coisa alguma, nem a mínima ação, nem o menor acontecimento." Não se preocupe: vale a pena. Os vencedores obtêm todo o prazer e toda a glória. Aqueles que dizem que a coisa mais importante é *como* você joga o jogo simplesmente não compreendem, porque você será louvado não importa como jogue o jogo... enquanto você jogar. Os *replays* mostram que Michael Jordan freqüentemente recebeu tratamento preferencial dos árbitros, mas

---

8. Donald Kagan, *On the Origins of War and the Preservation of Peace* (Nova York, 1995), p. 570.
9. Franz-Olivier Giesbert, *Le Président* (Paris, 1990), p. 384.

O curso dos acontecimentos humanos — 37

isso não obscurece a sua glória nem diminui a adulação dos fãs do basquete. Jordan recebeu um respeito especial porque foi um grande líder. Ele conquistou a glória devido à extraordinária enfiada de vitórias, única na história do basquete. Os astros e estrelas do cinema raramente levam uma vida exemplar, mas sua beleza e elegância — Maquiavel diria "esplendor" — e sua riqueza os transformam em heróis.

Esses são exemplos leves da esmagadora popularidade dos vitoriosos: os casos mais importantes estão na área da política — dentre eles, os mais dramáticos são certamente os grandes assassinos em massa de um século marcado por assassinatos em massa, Hitler, Stálin e Mao. Hitler foi reverenciado pelo seu povo e não houve resistência efetiva ao nazismo até que os alemães foram derrotados no campo de batalha. Quando Stálin morreu, milhões de russos — em sua esmagadora maioria almas simples, não pessoas politicamente ativas ou ambiciosas — permaneceram horas e horas na fila para desfilar diante do cadáver faustosamente exposto no Kremlin. Rios de lágrimas foram derramados e o coro de soluços eram incessantes. Contudo, Stálin tinha ordenado o assassinato de dezenas de milhões de inocentes. Uma cena semelhante ocorreu com a morte de Mao, que causara a morte de um número ainda maior de pessoas, das maneiras mais horripilantes, incluindo talvez canibalismo, durante a Revolução Cultural apenas trinta anos antes.[10] Seria fácil explicar essas demonstrações emocionais como fingimento de pessoas com medo de serem acusadas de adoração insuficiente do grande líder. No entanto, sabemos por relatos de primeira mão (muitos deles de homens e mulheres que se rebelaram contra as tiranias comunistas) que o pesar era genuíno, tão genuíno quanto a reverência aos tiranos durante seus anos de

---

10. Ver Zheng Yi, *Scarlet Memorial: Tales of Cannibalism in Modern China* (Nova York, 1996).

grandeza. Um desses anticomunistas, Alexander Zinoviev, escreve que Stálin e seus instrumentos de terror — os chamados "órgãos de segurança do Estado", como a KGB — tinham total apoio da maioria do povo e não porque o povo temia o terror (era raro as pessoas "simples" sofrerem o terror diretamente, e elas, na verdade, achavam que aqueles "órgãos" eram a única instituição realmente eficiente do sistema, para a qual podiam voltar-se a fim de resolver os problemas do cotidiano, como consertos nas casas). "Pelo contrário, os 'órgãos' eram venerados como instrumentos da justiça suprema" — o que equivale a dizer, instrumentos da vontade de Stálin.[11]

Você talvez suspeite, por tudo isso, que Maquiavel é uma espécie de versão em tela grande do general George Patton, alguém que ama a guerra e até a acha espiritualmente gratificante. De modo algum. Maquiavel criou milícias, foi à guerra e organizou campanhas militares, tanto vitoriosas quanto perdedoras. Maquiavel não é um general "de gabinete": ele sabe muito bem como a guerra é terrível. Mas ele também sabe que não há como escapar satisfatoriamente da guerra. John Keegan, correspondente militar do *London Telegraph*, concordaria:

> Quando comecei a trabalhar nesta área, eu acreditava que, se o mundo fosse informado das verdades do combate, as futuras gerações poderiam ser dissuadidas de lutar. A experiência me desiludiu. Falar a verdade não dissuade as pessoas; saber a verdade não as inocula. A guerra sempre encontrará homens para lutá-la.[12]

"A pessoa não elimina a guerra nem escapa de seu terrível alcance", aconselha Maquiavel aos futuros líderes. "Quando uma

---
11. Alexander Zinoviev, *Le Héros de notre jeunesse* (Paris, 1984), p. 42.
12. Keegan, *Wall Street Journal*, 27 de março de 1997.

pessoa adia a guerra, isso é uma vantagem para os outros." Já que a guerra vai acontecer mais cedo ou mais tarde, é melhor lutar quando as condições são mais favoráveis a *você*. No início da década de 1980, Israel descobriu que o Iraque estava desenvolvendo armas nucleares. Em vez de adiar o conflito com o Iraque, permitindo assim que Saddam Hussein atacasse Israel com bombas atômicas, os israelenses atacaram antes e destruíram o reator nuclear iraquiano em Osíris. O ataque japonês a Pearl Harbor, em 1941, foi inspirado pela mesma lógica maquiavélica. Sabendo que teriam de lutar contra os Estados Unidos mais cedo ou mais tarde, os japoneses escolheram atacar quando eram fortes e os norte-americanos, fracos. Eles não acreditaram nas declarações norte-americanas de neutralidade, e, de todo modo, elas de nada teriam adiantado.

Se os líderes norte-americanos tivessem prestado mais atenção a Maquiavel, poderiam ter evitado o desastre de Pearl Harbor, pois Maquiavel adverte que, se houver uma guerra em andamento na sua vizinhança, é mais perigoso você ficar neutro do que tomar algum partido. Se você se mantiver de fora, será odiado pelo perdedor e desprezado pelo vencedor. Você será considerado "um aliado inútil e um inimigo que não dá medo" e, por isso, é provável que seja atacado no futuro. Os japoneses, impelidos pela urgência de dominar, não mostraram misericórdia. É uma coisa que os inimigos nunca mostram.

A infância em Florença forneceu a Maquiavel abundantes evidências de primeira mão para apoiar a convicção de que os bons líderes devem estar sempre prontos para o próximo ataque. Quando ele tinha apenas nove anos de idade, houve um atentado fracassado contra a família dominante, os Médicis, por parte dos Pazzi, a outra grande família de banqueiros e mercadores da época. A conspiração foi bem concebida, tinha o poderoso apoio de ninguém menos que o papa e um dos principais articuladores era o próprio arcebispo de Florença. Eles planejavam assassinar Lorenzo de Medici — o príncipe-filósofo que se tornou conhecido como "Lourenço, o Magnífico" — e seu irmão, quando os dois estivessem ajoelhados rezando na igreja, e então proclamar um novo governo enquanto tropas leais aos Pazzi cercavam todos os edifícios públicos. Seu irmão foi morto, mas Lourenço sobreviveu ao ataque; graças à combinação de coragem pessoal de Lourenço e à firmeza dos funcionários florentinos, o povo deu total apoio aos Médicis e voltou-se contra os Pazzi.

A vingança que caiu sobre os Pazzi foi de uma ferocidade bíblica. O arcebispo foi enforcado nas próprias vestes e pendurado numa janela no alto do palácio do governo (há um esboço de Leonardo da Vinci que documenta os detalhes). Muitos Pazzi foram mortos nas ruas, alguns literalmente desmembrados, pedaço por pedaço, e o ataque desenfreado aos Pazzi e seus aliados continuou por semanas a fio. Outros foram capturados e submetidos a todas as formas imagináveis de tortura, incluindo ser assado vivo (os pés primeiro) numa fogueira. Cada vez que um dos líderes era executado, Botticelli decorava uma parede do Palácio Bargello com uma pequena pintura do acontecimento e Lourenço freqüentemente lhe acrescentava uma legenda em verso, descrevendo os defeitos morais da infeliz vítima e fazendo um relato de sua morte. Mesmo isso tudo não bastou para saciar a sede de vingança: o corpo do líder foi arrancado do túmulo, queimado até virar cinza e as cinzas espalhadas no rio Arno, para que o solo da cidade não se poluísse com a carne do vilão.

Os Médicis eliminaram sistematicamente todos os vestígios da existência dos Pazzi. Seus nomes foram apagados das fachadas de seus palácios, referências a eles foram apagadas das listas de cidadãos dignos do passado e do presente, pinturas e afrescos com suas imagens foram destruídos ou recobertos. Não causa surpresa que a palavra toscana para "loucos" seja *pazzi*!

Se os Médicis estivessem mais bem preparados, teriam atacado primeiro. No entanto, eles se mostraram bem preparados para lutar quando os Pazzi atacaram, não deram tréguas na luta e alcançaram uma vitória gloriosa.

Preparação para o combate

Pois bem, não é só uma questão de estar preparado para mudar, como se a mudança fosse algo que "simplesmente acontece" (mesmo que a sorte, quando intervém, simplesmente aconteça). Os líderes precisam estar sempre em pé de guerra, com os soldados de prontidão, as armas carregadas. Não é à toa, portanto, que os líderes empresariais bem-sucedidos sejam "capitães da indústria" e que o mundo dos esportes esteja cheio de metáforas militares: o *grand slam* do beisebol, bridge e tênis; a vala, a meta e a bomba do futebol e do hóquei; a onipresente "morte súbita" do futebol; jogadores de basquete e futebol chamados de pontas e retaguarda. Todas as pessoas envolvidas nesses esforços altamente competitivos sabem que é melhor estarem prontas para lutar, porque certamente serão atacadas. Qualquer executivo ou líder esportivo que se deixe surpreender pelo concorrente logo estará procurando outro emprego e os acionistas ou os fãs celebrarão sua partida. Paradoxalmente — e Maquiavel sempre mostra paradoxos quando menos se espera —, são os líderes políticos e militares que em geral parecem pouco à vontade com seus exércitos e com o uso da força, exceto nas circunstâncias mais desesperadas.

Nos Estados Unidos, a relutância em usar a força militar está tipicamente ligada à "síndrome do Vietnã" e, na verdade, a teoria de só usar o poder militar em situações extremas foi formulada por homens que participaram dessa desastrosa guerra no Sudeste Asiático. Depois de perder o apoio político do povo e ser forçada a abandonar o campo de batalha, vendo-se ridicularizada e humilhada na volta ao lar, a geração de líderes militares que galgou as mais altas patentes das Forças Armadas em fins da década de 1970 e na de 1980 decidiu nunca mais arriscar vidas norte-americanas em combate a menos que estivesse certa de obter forte consenso popular. Essa idéia, tipicamente norte-americana, ficou originalmente conhecida como "doutrina Weinberger" — o Secretário de Defesa, Caspar Weinberger, apresentou-a pela primeira vez num discurso em novembro de 1984 — e seu tema central era o seguinte:

> Antes que os Estados Unidos comprometam forças de combate no exterior, é preciso haver uma razoável garantia de que teremos o apoio do povo norte-americano e de seus representantes eleitos no Congresso. Não podemos travar uma batalha com o Congresso, em casa, e ao mesmo tempo pedir que nossas tropas ganhem uma guerra fora de casa; ou como aconteceu no Vietnã, pedir às nossas tropas não para vencer mas apenas para estar lá.[13]

Essa idéia enganosa depois foi adotada pelo general Colin Powell — que acrescentou a exigência de uma "estratégia de saída" claramente definida — e endossada por praticamente todos os principais líderes militares e civis dos governos Bush e Clinton.

Maquiavel rejeita a suposição de que as expectativas originais serão cumpridas, porque a primeira regra dos acontecimentos humanos é a mudança. As coisas *não* vão funcionar como você espera. Steve Jobs acreditou que Mac e Lisa encontrariam no mercado a mesma recepção eufórica que o Apple, e se recusou a mudar sua estratégia, mesmo quando deveria ser óbvio que o mundo tinha mudado. A derrota não só foi devastadora para os lucros de sua em-

---

13. George P. Schultz, *Turmoil and Triumph: My Years as Secretary of State* (Nova York, 1993), p. 649.

presa, como também, já que a confiança nele ficou decisivamente abalada, comprometeu sua capacidade de levar a Apple de volta ao topo do mundo dos PC.

Weinberger e Powell sabiam que os acontecimentos no campo de batalha sofreriam mudanças, mas presumiram que, se você tem consenso, você o conserva durante toda a missão e todo mundo o aplaudirá quando você voltar, desde que você não tenha sofrido baixas excessivas. Maquiavel proclamou que essa idéia era um absurdo, porque o consenso vai somente para o vencedor. As pessoas desprezarão um líder derrotado, mesmo que de início tenham mostrado imenso entusiasmo. No começo do filme *Patton*, o general pronuncia as mágicas palavras maquiavélicas: "O povo norte-americano odeia os perdedores." Se você vence, é um herói; se perde, é um vagabundo ordinário. O consenso no início da operação não lhe servirá melhor hoje do que serviu no Vietnã, quando o público começou dando um sólido apoio à guerra; esse apoio permaneceu forte durante vários anos. A opinião pública só se voltou contra a guerra quando ficou claro que os Estados Unidos não iriam vencer.

Os defensores das doutrinas Weinberger/Powell tentaram contornar essas objeções imbecilizando o conceito de vitória, como podemos ver em dois lances com o ditador iraquiano Saddam Hussein. O primeiro foi a Guerra do Golfo, que uma humorista definiu elegantemente como "vitória interrompida".[14] O governo Bush, incluindo o próprio Powell, súbita e inesperadamente retirou suas tropas no momento exato em que a quintessência das forças de Saddam, a Guarda Republicana, estava em vias de ser destruída e, com ela, o próprio regime. Não que os Estados Unidos não quisessem Saddam fora do caminho; Bush murmurou publicamente que seria ótimo se os curdos e xiitas se sublevassem e li-

---

14. Agradeço a Natalie Hayes pelo fantástico trocadilho. [A expressão original, *victory interruptus*, remete maliciosamente a *coitus interruptus*. (N.T.)]

vrassem o mundo do carniceiro de Bagdá. Mas quando curdos e xiitas levaram o presidente a sério e começaram a atirar, o apoio militar norte-americano desapareceu de cena e eles foram massacrados. Como um bálsamo para a consciência culpada, os norte-americanos e alguns de seus aliados criaram uma zona segura no norte do Iraque, onde refugiados curdos e xiitas poderiam sobreviver, e quando o inverno chegou lhes lançaram de pára-quedas alimentos e agasalhos.

A partir daí, os apologistas de Bush e Powell se esforçaram desesperadamente para convencer o mundo de que eles tiveram uma vitória maravilhosa, que tinham razão em permitir que a Guarda Republicana sobrevivesse e que teria sido realmente um sério erro derrubar o regime satânico de Saddam, porque os Estados Unidos teriam se atolado num lamaçal igual ao vietnamita. Mas o fato crucial permanece: Saddam sobreviveu, com seus exércitos suficientemente intactos, para continuar no poder e massacrar seus inimigos. Uma lição perigosa foi ensinada a todos aqueles que pensarem em desafiar os Estados Unidos: os norte-americanos não manterão o curso, não lutarão até alcançar a verdadeira vitória, não dominarão vocês. Mesmo que os acontecimentos no campo de batalha sejam desastrosos para vocês, vocês viverão para lutar mais um dia.

Quando o próximo dia de luta chegou para Saddam Hussein, Bill Clinton imbecilizou ainda mais a vitória. No verão de 1996, Saddam reivindicou aquela zona segura no norte do Iraque, enviando centenas de tanques contra os curdos e xiitas lá instalados, depois que alguns destes formaram grupos de resistência para desafiar o seu governo. Todos nós sabíamos das preparações de Saddam e tínhamos prometido às forças anti-Saddam — a quem demos um apoio meio indiferente — que haveria uma reação rápida e poderosa caso a invasão ocorresse.

Observamos Saddam reunindo sua coluna blindada, composta de praticamente todos os tanques em funcionamento no Iraque, mais de trezentos ao todo. Os Estados Unidos observaram Saddam avançando lentamente para o norte e lhe enviaram avisos sobre as terríveis conseqüências. Os norte-americanos tiveram tempo mais do que suficiente para enviar bombardeiros das bases na Turquia ou dos porta-aviões no Golfo Pérsico. Em terreno aberto e com tempo claro, os tanques iraquianos teriam sido como patos de quermesse para os caça-bombardeiros norte-americanos. Se os Estados Unidos tivessem atacado a coluna de tanques iraquianos, isso teria representado um verdadeiro golpe para Saddam, teria representado o apoio moral tão necessário para seus oponentes e deixaria bem claro para toda a região que os Estados Unidos falavam a sério quando se tratava de defender seus amigos e promover seus interesses. Em vez disso, Bill Clinton disse ao seu pessoal de política externa que sua primeira prioridade era evitar todo tipo de baixas norte-americanas: não haveria mais sacos com cadáveres entregues às famílias chorosas, não haveria mais aviões derrubados em território hostil, não haveria mais reféns amarrados atrás de jipes correndo por ruas empoeiradas. Portanto, nenhum risco e, portanto, nenhuma ação séria. Os mísseis balísticos, tardiamente lançados sobre bases de radar e antiaéreas no sul do Iraque, demonstravam claramente a obsessão do presidente em manter os norte-americanos fora de perigo, bem como sua ruinosa conseqüência: os que combatiam pela liberdade morreram em lugar dos comandos, Saddam ficou mais forte e os Estados Unidos ficaram mais fracos do que antes da *blitz* no Iraque. No fim, a Força Aérea dos Estados Unidos transportou mais de dois mil curdos e iraquianos, entre motoristas, secretárias, porteiros, lavadores de garrafas e seus dependentes — todos apoiadores da resistência anti-Saddam — para a segurança da ilha de Guam.

Cerca de dois anos depois, Saddam novamente desafiou os Estados Unidos expulsando inspetores norte-americanos do Iraque. Mais uma vez, Clinton tremeu e protelou, enviou tropas para a região do Golfo, ameaçou uma ação severa, mas no fim nada fez exceto assinar um acordo ineficaz negociado pelo secretário-geral da ONU, Kofi Annan, o que deu tempo a Saddam para retirar suas armas de destruição em massa dos locais que os norte-americanos queriam examinar.

Finalmente, em dezembro de 1998, Clinton ordenou três dias de bombardeios, depois que Saddam renegou o último acordo. Então já era claro, para quase todo o mundo, que Clinton não tinha uma estratégia séria para lidar com o Iraque.

Nos *Discursos*, Maquiavel caracteriza claramente esse tipo de comportamento: "Quando esses príncipes indolentes ou essas repúblicas efeminadas enviam a campo um general com um exército, a ordem mais sábia que acreditam poder lhe dar é nunca correr o risco de uma batalha e, acima de tudo, evitar uma ação geral."[15]

Voltaremos em breve aos "indolentes" e "efeminados"; a questão aqui é que os bons líderes reconhecem que o conflito é onipresente e se preparam corretamente para lutar e vencer. Estão perdidos os líderes que dizem a seus soldados que evitar ser ferido é a coisa mais importante. Os países que rejeitam a vitória em nome da segurança terminam em morte e derrota. Você consegue imaginar Vince Lombardi fazendo seu celebrado time de futebol americano entrar em campo com a ordem "Não se machuquem"?

Pior, ainda, quando você encontra um líder que age assim, você pode ter certeza de que ele também está cometendo outros grandes erros, porque o uso adequado do poder é um ingrediente central em qualquer boa organização. Na verdade, em dado momento Maquiavel chega a argumentar que "o alicerce dos Estados é a boa organização militar. (...) Sem essa organização militar, não poderá haver boas leis nem nada de bom". Ele não está falando só de exércitos, mas de todos os líderes, desde os executivos das corporações

---

15. *Discursos*, III, 10.

até os homens e mulheres armados que proporcionam segurança dentro das fronteiras de um país, defendendo as instituições e os líderes e prendendo os criminosos. Nossas instituições não são apenas alvos para quem está fora das nossas fronteiras; precisamos estar prontos para combater o mal no nosso próprio meio tão vigorosamente quanto combatemos invasores estrangeiros. Como Mitterrand se lamentou para a irmã, há uma quantidade enorme de trabalho por fazer.

Maquiavel também está falando do altruísmo exigido daqueles que servem ao interesse comum. Ele se alarma sempre que vê líderes colocando os desejos pessoais antes das metas das instituições que comandam. Um bom soldado está pronto para sacrificar a vida pela vitória, e um bom líder precisa estar pronto para sacrificar a ambição pessoal pelo sucesso da instituição que comanda.

Para alcançar a vitória, o primeiro passo é ver o mundo com clareza, aceitar os fatos da natureza humana e agir vigorosamente para dominar, para não ser dominado pelos outros.

O segundo passo é um ato de humildade: reconhecer que há forças que nem sempre conseguimos controlar. Podemos vencer sem mérito e perder sem vergonha. Às vezes, a Fortuna destrói até mesmo os planos mais bem elaborados dos maiores líderes.

CAPÍTULO DOIS

A Sorte

⬥━━⬥

E se alguém quiser se opor [ao propósito da deusa Fortuna], ela o matará ou o privará de toda faculdade de fazer o bem.

Maquiavel é um ávido apreciador de jogos. Quando é chutado do governo, passa metade do dia na taverna perto de sua fazenda, jogando cartas e gamão. Os jogadores gastam grande parte do tempo cortejando a Fortuna, pois, com exceção de alguns jogos de tabuleiro (Go e xadrez são os exemplos mais evidentes) em que o resultado depende quase inteiramente da habilidade, a maioria dos jogos contém um elemento significativo de sorte, que bem pode ser decisivo. Napoleão preferia um general sortudo do que um general brilhante.

Maquiavel passa muito tempo pensando na sorte e na liderança — essa é uma das coisas que faz dele o primeiro homem realmente moderno — e não se sente feliz com suas conclusões. Ele quer desesperadamente acreditar que um grande líder poderia quase sempre confiar na sua capacidade de vencer, desde que estudasse atentamente a História e aprendesse as lições de conselheiros brilhantes, como o próprio Maquiavel. Mas ele sabe, por seu atento estudo e por suas brilhantes análises da História (e, claro, por sua experiência tanto no governo quanto na mesa de carteado), que alguns acontecimentos são inteiramente determinados pela sorte, e não por uma asneira ou pelo brilhantismo. Quando isso acontece, os líderes, até mesmo os grandes líderes, são varridos pela maré: "A Fortuna, portanto, cega a mente dos homens", diz-nos ele pesaroso, "quando não quer que eles resistam aos seus desígnios."

Como todos os homens de ação, ele se contorce como um Houdini tentando, por um lado, escapar dessa conclusão fatalista e, por outro, tentando encontrar uma maneira infalível de ter a seu favor a Dama da Sorte (que, pelo respeito a ela devido, será de agora em diante citada com maiúsculas). Às vezes ele age como se a Sorte pudesse ser cortejada e conquistada; outras vezes, ele pede líderes viris para dominá-la pela força, submetendo a vontade dela à deles; e durante momentos desafortunados, incluindo seus trabalhos pessoais, ele apenas encolhe os ombros. O que se há de fazer? Quem já viu o espantoso poder da Fortuna está familiarizado com essa ginástica mental; Maquiavel tenta convencer a si mesmo — e, o que é mais importante ainda, tenta convencer aqueles que querem liderar — de que uma pessoa pode ser o mestre do seu próprio destino. Mas ele sabe que a mestria não é garantida, porque a Sorte é mais poderosa do que a vontade humana e não há método conhecido para assegurar que ela venha para o nosso lado e fique aqui. Seus poderes, e seu mistério, são tão grandes que ela é capaz de idéias grandiosas e visão histórica. Ela é muito mais do que uma força que apenas determina este específico rolar dos dados ou as duas boladas incríveis na cabeça de Freddy Lindstrom, na terceira base, nos instantes cruciais da sétima partida do Campeonato Mundial de 1924. É ela que Darth Vader tem em mente quando implora a Luke Skywalker que se junte a ele para cumprir seu destino.

Os homens de destino conhecem o poder da Fortuna, mesmo que às vezes relutem em admiti-lo. Ouça o que diz Victor Niederhoffer, poderoso investidor, quando especula na baixa do dólar contra o iene e, então, observa o mercado determinar o seu destino. Niederhoffer se orgulha da sua racionalidade, mas corteja avidamente a Fortuna quando as coisas ficam difíceis:

> O dólar pega a minha posição de vendedor como se eu fosse um peixinho de aquário. O dólar está carregando a minha casa junto com ele.
> Estou com medo. Fui longe demais. Os japoneses seguidores da tendência pularão dentro se o dólar subir acima de 95. A bolha vai me afogar. Os japoneses (...) correm em rebanhos. O prego que se estica para fora leva martelada. Se o dólar se esticar para cima ainda mais, toda a comunidade financeira japonesa vai pular dentro para comprar. Um dólar mais alto vai se tornar uma bolha subindo sempre (...)
> Por favor, eu lhe imploro. Eu rezo: desacelere e depois baixe. Que vergonha para mim. Como é que um sujeito livre de superstição consegue rezar? (...) Mas os padres não vivem mais do que os outros. Toda a minha reza não vai fazer o dólar cair. (...)
> O iene é meu amigo e lá fora tem lua cheia. As tendências geralmente mudam quando a lua está cheia. A lua afeta os mercados do mesmo modo que afeta as mulheres, as colheitas, o crime e as marés. Acho que tenho tanta chance de matar o dólar quanto de matar a lua. Em todo caso, eu não vou falhar por falta de esforço ou de preparação.[1]

Mas, como alerta Maquiavel, mesmo o máximo esforço e a preparação intensiva não são suficientes para dominar a Fortuna

---

1. Victor Niederhoffer, *The Education of a Speculator* (Nova York, 1997), pp. 5-6.

quando ela se lança no seu caminho. Em 27 de outubro de 1997, o mercado de ações registrou a maior queda em pontos num só dia de toda a sua história. Niederhoffer apostou no outro caminho, vendendo operações a termo altamente alavancadas no índice acionário Standard & Poor. No fim do dia, sua empresa, a Niederhoffer Global Systems, tinha sido varrida do mapa. Seus ativos de US$ 130 milhões haviam se transformado num débito de US$ 45 milhões, parte dos quais era de responsabilidade pessoal dele. Se ele tivesse conseguido se manter por mais um dia, teria sobrevivido para continuar lutando, porque o mercado subiu uns 300 pontos. Mas assim não estava escrito; ele tinha apostado tudo nas bênçãos da Fortuna e ela o rejeitou. "Foi como morrer", disse ele.

Mesmo Winston Churchill, que poderia ser perdoado por acreditar que sua admirável tenacidade e coragem lhe permitiram liderar seu país no momento de sua maior glória, sabia que isso não teria sido possível sem a Fortuna:

> Percebi, com um ímpeto terrível, que nenhum exercício da minha pobre astúcia e força poderia me salvar dos meus inimigos e que, sem a assistência daquele Poder Supremo que interfere na eterna seqüência de causas e efeitos com mais freqüência do que estamos sempre propensos a admitir, eu nunca teria conseguido.[2]

Churchill teve a boa sorte — com a ajuda considerável de seu próprio esforço — de obter a cooperação dos Estados Unidos, o país mais sortudo do mundo. Mencken achava que "Deus protege os cegos, os bêbados e os Estados Unidos da América". A grande sorte dos Estados Unidos começa com a localização geográfica. Outros países têm vizinhos ameaçadores; os Estados Unidos têm

---
2. Winston Churchill, *My Early Life: A Roving Commission* (Nova York, 1930), p. 276.

os mexicanos e os canadenses, cujas maiores ameaças consistem em mão-de-obra barata e fronteiras porosas. A Fortuna dá uma significativa vantagem competitiva aos grandes empreendimentos. Bill Gates provavelmente concorda com isso. Ele próprio é um jogador, e assim foi a vida toda. Como Maquiavel, ele adora um carteado e, acima de tudo, ama o bridge. Ele toma parte numa competição de alta intensidade conhecida como "o jogo dos magnatas", na qual a participação é reservada a alguns dos homens mais ricos do país, incluindo Warren Buffett, o megainvestidor de Nebraska que disputa com Gates pelo título de "o homem mais rico dos Estados Unidos". O amor pelo bridge é comum nessas altas esferas; dois dos principais times de bridge do país são capitaneados por Nick Nickell e Jimmy Caine, banqueiros de investimentos de Nova York. Caine, que é presidente da Bear Sterns, sucedeu Allen "Ás" Greenberg, campeão nacional de bridge. Malcolm Forbes era viciado em bridge. Larry Tisch, ex-proprietário da CBS, jogou avidamente durante toda sua vida adulta e por muitos anos participou de uma das mais famosas — e mais dispendiosas — partidas vespertinas da cidade de Nova York. E Ross Johnson, ex-presidente da RJR Nabisco, que iniciou a seqüência de acontecimentos que acabaria na compra alavancada de sua empresa por um grupo hostil, brigava com unhas e dentes para conseguir lugar no elegante microônibus que partia de Nova Canaã, Connecticut, para Manhattan todo dia às 7:30 da manhã, a fim de poder jogar bridge com a elite da comunidade empresarial de Nova York.[3]

Na geração anterior, quando a sobrevivência do país foi ameaçada por Hitler e pelo fascismo, e as pessoas mais talentosas correram para o serviço público, o bridge fazia parte integrante da vida cotidiana dos líderes norte-americanos. Na mais famosa partida de bridge da história, os generais Eisenhower e Grunther jogaram

---

3. Bryan Burrough e John Helyar, *Barbarians at the Gate* (Nova York, 1991), p. 17.

com dois outros oficiais num couraçado no Mediterrâneo, esperando que o nevoeiro se dissipasse para que a invasão do Norte da África pudesse começar. E durante toda a presidência de Eisenhower, seu Secretário de Estado, John Foster Dulles, vangloriou-se de sua habilidade na mesa de bridge. Até tempos recentes, na verdade, o Departamento de Estado realizava anualmente um campeonato mundial de bridge, legado daquela geração de grandes líderes. Do outro lado do mundo, Den Xiaoping, o homem que transformou a República Popular da China, recomendava aos seus seguidores: "Natação para o corpo, bridge para a mente."

A razão pela qual esses homens amam o bridge — ou o pôquer, pelos mesmos motivos — é não só o fato de que esse jogo lhes permite testar a sorte e a habilidade contra seus pares; os jogos de cartas, e o bridge acima de todos os outros, assemelham-se muito mais à competição da vida real do que os jogos de tabuleiro. Nos principais jogos de tabuleiro — xadrez e go —, todas as peças ficam à vista, o equilíbrio do poder é igual no início e o jogador que melhor manobra suas forças torna-se o vencedor. Nos jogos de cartas, cada jogador vê apenas uma pequena porcentagem das cartas na mesa; ele precisa descobrir o equilíbrio do poder ouvindo cuidadosamente as comunicações dos outros jogadores e observando seus movimentos. No pôquer, ou na versão do *rummy* que Maquiavel jogava na pequena taverna em Sant'Andrea, na Percussina, as comunicações tomam a forma de apostas e os "movimentos" estão ligados à compra do monte para substituir o que foi descartado e, é claro, à jogada das cartas. O bridge é mais elaborado: cada jogador faz "apostas" descritivas, proporcionando abundantes informações — e às vezes desinformações — aos outros jogadores. E então, durante a jogada da mão, os defensores proporcionam informações por meio de sua escolha das cartas. É por isso que o bridge é o jogo mais próximo da vida real. A comunicação é a parte mais importante do jogo, simbolizando todas as opções disponíveis aos estadistas, aos diplomatas, aos homens de negócios e até mesmo aos amantes. Promessas são feitas e rompidas, mentiras sórdidas e fraudes astuciosas são lançadas. Informações vitais freqüentemente são retidas, enquanto em outras ocasiões informações específicas são proporcionadas com precisão matemática. Tudo depende da situação e da capacidade dos jogadores de apreender a realidade dessa situação.

Bill Gates também deve ficar intrigado com o fato de que — até hoje, pelo menos — nenhum computador conseguiu dominar o bridge, muito embora os computadores já desafiem os grandes mestres do xadrez. O apreço de Gates pelo papel da Sorte sem dúvida começou a ser cultivado na infância, quando ele jogava bridge com os pais. E deve ter sido ampliado pela maneira como a Microsoft se tornou a mais poderosa empresa de *software* do mundo.

No começo da década de 1980, a IBM decidiu produzir seu próprio computador pessoal e consultou a Microsoft sobre novas versões das linguagens de programação que poderiam ser utilizadas: Basic, Fortran, Cobol e Pascal. O MS Fortran e o MS Cobol tinham sido desenvolvidos para uso com o sistema operacional da Digital Research chamado CP/M; a IBM decidiu incorporar esse sistema operacional no novo microcomputador. Representantes da IBM foram enviados a Seattle para obter, da Digital Research e da Microsoft, acordos e contratos de confidencialidade referentes aos sistemas operacionais. Gates e seu sócio assinaram imediatamente, mas o principal executivo da Digital, Gary Kindall, estava fora da cidade a negócios e sua mulher — conforme opinião dos advogados da Digital — recusou-se a assinar um acordo de confidencialidade com a IBM sem a aprovação explícita do marido. A IBM se aborreceu e logo ficaria furiosa. Kindall, que já andava conversando com a Hewlett-Packard sobre o fornecimento do CP/M para a nova geração de computadores da HP, bancou o difícil com a IBM e partiu para férias no Caribe sem dar uma resposta final.

A IBM tinha pressa em colocar o novo produto no mercado e não estava preparada para continuar esperando por Kindall. Se o CP/M não estivesse disponível, a IBM precisaria de um sistema operacional diferente; ela perguntou a Gates se ele poderia fornecê-lo e adaptar todas as linguagens da Microsoft para uso com o novo sistema operacional em menos de um ano. Gates disse que sim, e ganhou o negócio.

O sistema operacional usado pela Microsoft era uma versão mais veloz de algo chamado "Quick and Dirty Operating System" ou QDOS. Rapidamente se transmutou no DOS e Gates o aprontou dentro dos prazos da IBM. Então ele mais uma vez teve sorte: a Digital estava atrasada com sua nova versão do CP/M e, com isso, deu a Gates cerca de seis meses de vantagem no mercado com seu novo sistema operacional. Quando o novo sistema da Digital ficou pronto, Gates já ocupava o mercado e oferecia o DOS a 25% do preço do CP/M. Ele estava disposto a aceitar perdas no curto prazo para dominar o mercado no longo prazo. Finalmente, Gates projetou o DOS de tal maneira que qualquer programa escrito em CP/M (ou outros sistemas operacionais concorrentes) poderia facilmente ser convertido ao DOS — mas era terrivelmente difícil converter ao CP/M um programa em DOS.

Gates foi abençoado pela Fortuna e então explorou sua oportunidade com cada grama de energia que possuía. Maquiavel diz que a Fortuna favorece o homem que age agressivamente, e isso por certo foi o que fez Bill Gates. Ele está tentando fazê-lo de novo, pois concluiu que a próxima grande batalha pela participação no mercado de computadores será sobre o acesso e navegação na internet e sua integração com o *software* existente.

Mas mesmo líderes maquiavélicos como Gates deixam de perceber quando novas forças surgem no campo de batalha. Triunfante sobre seus concorrentes comerciais, Gates sofreu um golpe por parte do governo dos Estados Unidos no final de 1997, quando o

Departamento de Justiça declarou que ele tinha violado a lei antitruste ao fazer de seu navegador da internet uma parte inseparável do Windows. O ataque foi claramente inesperado, conforme demonstrou a fraqueza das forças de Gates em Washington. Ao contrário das outras gigantescas corporações norte-americanas, a Microsoft tinha apenas uma representação simbólica na capital, e seu minúsculo escritório se localizava numa parte adormecida da cidade, bem distante dos corredores e restaurantes onde geralmente se determina o futuro dos negócios do país. Esse erro provavelmente não se repetirá.

A marca característica dos líderes bem-sucedidos é que eles exploram agressivamente as oportunidades que lhes são concedidas pela Fortuna. Em meados de maio de 1997, o astro do futebol Roberto Baggio foi convocado como titular da seleção italiana pela primeira vez em dezenove meses. Antes considerado um dos maiores jogadores do mundo, Baggio tinha caído no limbo reservado para os heróis em declínio. Agora ele ganhava a oportunidade de demonstrar que ainda podia competir entre os melhores. Cinco outros jogadores italianos colocados acima dele estavam contundidos ou indisponíveis, e ali estava ele. A Fortuna lhe concedeu um favor adicional: um passe genial, derrotando dois zagueiros e o goleiro. "Um gol extraordinário era necessário para dizer ao mundo que 'eu não estou acabado aos trinta, eu ainda tenho forças para lutar, para conquistar, para criar beleza'." Baggio fez um belíssimo gol e, da noite para o dia, voltou ao estrelato. Como comentou um jornalista, seu admirador, no dia seguinte: "Esse gol de Baggio nos faz lembrar que nunca devemos nos dar por vencidos, que devemos alimentar nossos sonhos com a fé."

Outro magnata contemporâneo, o extravagante inglês sir James Goldsmith, também foi abraçado pela Dama da Sorte num momento decisivo do início de sua carreira. O pai de Jimmy Goldsmith era diretor de uma luxuosa cadeia francesa de hotéis e levava o filho com ele nas viagens. Com facilidade e entusiasmo, o jovem Jimmy acostumou-se às coisas boas da vida e, ao longo do caminho, adquiriu o que já era de se esperar: o gosto por jogos com altas apostas e por belas mulheres. Com sua invejável biografia, foi enviado a Eton para receber um polimento. Lá, distinguiu-se por não prestar exames além daquele exigido para admissão e por ganhar uma espantosa fortuna nas corridas. Formou-se em Eton e, como os padrões de admissão nas grandes universidades britânicas são um tanto flexíveis quando a família do candidato tem certo destaque, freqüentou Oxford durante um par de anos. Ali, acumulou tremendas dívidas de jogo e precisou ser socorrido pelo pai, que em desespero alistou o rapaz na Marinha. Isso teve o efeito desejado, porque Jimmy, quando foi dispensado, estava bem mais disciplinado e tinha aprendido a focalizar suas ambições na tarefa que estava à sua frente.

Seu primeiro grande golpe nada teve a ver com os negócios, mas sim com o amor. Ele se apaixonou perdidamente por Isabel, filha do multimilionário boliviano Antenor Patiño. Don Antenor era totalmente contra o casamento, um magnata católico que não tinha a menor intenção de permitir que a filha desposasse um *playboy* judeu. Goldsmith conseguiu levar a moça para a Escócia, onde se esconderam durante um mês esperando que passasse o tempo exigido para poderem se casar no civil. Antenor lutou quase até o fim, até a filha lhe informar que estava grávida. Antenor a deserdou e o casamento foi realizado sem a sua presença.

Foi um triunfo de vida breve para Goldsmith: oito meses mais tarde, Isabel entrou em coma. O bebê nasceu por cesariana, mas Isabel morreu logo depois.

Goldsmith agora tinha uma filhinha — e uma problemática empresa farmacêutica que recebera do irmão. Ele se lançou ao trabalho com a mesma paixão desenfreada que caracterizava todas as suas atividades, e em poucos meses transformou o problema numa empresa promissora. Nas palavras de seu biógrafo — palavras que poderiam ter sido tiradas diretamente de Maquiavel —, "A ânsia de expansão a qualquer preço, o ímpeto de ganhar mais e mais mercado e a necessidade de se manter em movimento a todo custo esticavam seus recursos restritos". A empresa estava gerando muitos negócios, mas sofria uma falta constante de liqüidez. Os concorrentes ameaçavam todos os que assinavam contratos de exclusividade com Goldsmith, enquanto os parceiros potenciais, sentindo a fraqueza dele, ofereciam transações humilhantes para salvar a empresa. No começo de 1957, o jogo acabou. Ele não conseguia pagar as dívidas e teria de se declarar falido. Numa manhã de segunda-feira, ele saiu de casa para informar aos seus banqueiros. Descendo a rua, parou numa banca de jornais para passar os olhos pelas manchetes e viu as palavras milagrosas: GREVE BANCÁRIA. Aquela era a primeira greve bancária em duas décadas e salvou Jimmy Goldsmith da ruína. A greve durou mais de uma semana, o que lhe deu tempo suficiente para negociar a venda da empresa farmacêutica ao seu principal concorrente. O dinheiro da venda lhe deu uma confortável base financeira que ele depois explorou ao máximo. Mas ele nunca esqueceu a lição, que Maquiavel expõe com sua franqueza habitual nos *Discursos*:

> Certamente é o curso da Fortuna, quando ela deseja conseguir algum grande resultado, selecionar para seu instrumento um homem dotado de espírito e habilidade, capaz de reconhecer a oportunidade que lhe é oferecida. E assim também a Fortuna, quando deseja causar a ruína e a destruição de um Estado, coloca à sua testa homens que facilitam e apressam a sua ruína.[4]

---

4. *Discursos*, II, 29.

O maior desse último grupo — líderes escolhidos pela Fortuna por seu talento para causar a ruína — certamente é Mikhail Gorbachev, cujo talento singular para a destruição derrubou um dos mais temíveis impérios da História. A historiografia tradicional costumava distinguir entre os "grandes homens" (aqueles que compreendem seu momento e impõem sua vontade ao mundo) e os "homens providenciais" (aqueles de quem a Fortuna se serve para impor a vontade *dela*, sem que eles compreendam plenamente o que está acontecendo). Gorbachev foi um destes; ele não tinha a menor intenção de provocar a queda do comunismo, muito menos a destruição do Império Soviético. A meta anunciada por Gorbachev era salvar o comunismo, não enterrá-lo. Ele acreditava que a falência do sistema soviético não se devia à insensatez do planejamento central e à desmoralização dos povos soviéticos depois de quase um século de tirania; ele achava que poderia revitalizar o sistema concedendo liberdade política limitada, acabando com o alcoolismo e substituindo a velha elite empoeirada por personalidades mais atraentes e inspiradoras, como ele próprio e sua mulher.

A idéia de "reformar o comunismo" era um oxímoro, e é preciso um Maquiavel para explicar como um homem tão inteligente quanto Gorbachev foi capaz de acreditar nela. O comunismo soviético não poderia ser reformado. Só poderia ser preservado, e pelo uso implacável do terror — o método que, afinal de contas, o criou e o manteve durante quase um século. Se Gorbachev não estava preparado para usar o terror, o sistema estava condenado. Mas Gorbachev não compreendeu as conseqüências de suas ações. Na verdade, mesmo na época do fracassado golpe de 1990, Gorbachev ainda proclamava que o Partido Comunista soviético era o instrumento mais confiável para a "reforma do comunismo", e pedia que todos apoiassem o Partido. Não se pode imaginar exemplo melhor de pessoa que é usada pela Fortuna para "facilitar e apressar a ruína" de um empreendimento humano.

A Fortuna não se limita a se intrometer nos assuntos dos grandes homens e mulheres; ela parece sentir um prazer especial em destruir os mais bem elaborados planos das luminárias menores no decorrer dos grandes acontecimentos. Uma família norte-americana, no início da década de 1980, convencida de que o mundo estava à beira de uma guerra termonuclear, passou meses debruçada sobre mapas e avaliações de risco para determinar o lugar mais seguro da Terra, esperando sobreviver ao fim iminente. Por fim, descobriram um grupo de ilhotas no Atlântico, ao largo da Argentina, um lugar tão obscuro e pouco valioso que ficaria fora de qualquer conflito imaginável. Venderam a casa, liquidaram todos os seus bens e se mudaram para as ilhas Falkland poucos meses antes da invasão argentina que detonou a Guerra das Malvinas com a Inglaterra.

Talvez o exemplo mais divertido das pilhérias feitas pela Fortuna sobre os mortais comuns seja a famosa história do major Wilmer McLean, bem-sucedido merceeiro do norte da Virgínia que comprou uma bela fazenda em Bull Run e para lá se mudou quando se aposentou em 1854. Apenas sete anos depois, os soldados da União e os Confederados se enfrentaram perto de sua casa e a Primeira Batalha de Bull Run começou quando uma carga de artilharia da União caiu diretamente na chaminé de McLean e explodiu dentro do caldeirão de cozido. "O cozido se espalhou pela casa toda e o almoço do general [P.G.T. Beauregard, comandante das forças confederadas naquela área], de seu estado-maior e da família McLean teve de ser improvisado."[5]

McLean decidiu que tinha escolhido o lugar errado para passar a aposentadoria e se mudou com a família para o sul da Virgínia, para uma fazenda tranqüila perto da aldeia de Appomattox Courthouse. A Fortuna levou apenas quatro anos para reencontrá-lo. Quando o tiroteio cessou naquela manhã de domingo, 9 de abril

---
5. Burke Davis, *The Civil War: Strange and Fascinating Facts* (Nova York, 1982), p. 20.

de 1865, McLean foi abordado por um oficial confederado que procurava um lugar adequado para os generais Lee e Grant discutirem os termos da rendição do Sul. A casa de McLean foi escolhida e, tão logo os documentos foram assinados, começou o saque. A mesa sobre a qual Lee e Grant assinaram os históricos documentos foi levada, como "pagamento" simbólico, pelo general Sheridan, e as outras futuras antigüidades também foram agarradas com sofreguidão.

Alguns oficiais, principalmente da Cavalaria, tentaram comprar as cadeiras usadas por Lee e Grant. Quando o dono da casa recusou, eles as levaram no lombo dos cavalos. Cadeiras com assento de bambu foram cortadas como lembranças e os pedaços de bambu entregues aos Federais no pátio. A tapeçaria foi feita em tiras.[6]

As bênçãos da Fortuna parecem às vezes ter inspiração divina, como no caso de Bernard Baruch, o grande financista judeu. No final de 1901, os figurões da indústria norte-americana apoiavam a Amalgamated Copper e seus esforços para açambarcar os estoques mundiais de cobre. Baruch analisou o mercado, concluiu que a Amalgamated fracassaria e, em vez de investir, começou a "especular na baixa", ato que exigia coragem. Os apoiadores se irritaram com Baruch e tentaram amedrontá-lo.

O momento-chave chegou em setembro. Na quinta-feira, dia 19, a Bolsa de Valores fechou para os funerais do presidente William McKinley, que tinha sido assassinado no dia 6. A reunião de diretoria da Amalgamated estava marcada para o dia seguinte e o futuro imediato das ações dependia de decidirem se a companhia pagaria ou não os dividendos de US$8 por ação. No final da sexta-

---

6. Burke Davis, *The Civil War: Strange and Fascinating Facts* (Nova York, 1982), p. 21.

feira sai o anúncio: os dividendos teriam um corte de 25%, caindo para US$6 por ação. Naquela época, a Bolsa fazia uma breve sessão aos sábados e, no sábado, a Amalgamated caiu 7 pontos, fechando um pouco acima de 100. A segunda-feira seguinte seria o "dia do julgamento" para as ações da Amalgamated e para a aposta de Baruch.

Mas a segunda-feira, como a mãe de Baruch lhe recordou na sexta-feira, também era o "dia do julgamento" para todos os judeus — o Yom Kippur. Baruch não poderia tomar quaisquer decisões de negócios durante esse dia. Ele disse a um corretor para continuar especulando na baixa da Amalgamated e se garantiu instruindo outro corretor para começar a comprar se a ação subisse acima de certo patamar. Deu instruções a todos no sentido de que não tentassem fazer contato com ele na segunda-feira, acontecesse o que acontecesse.

A segunda-feira, 23 de setembro, foi um dia de cão para as ações da Amalgamated. A ação abriu a 100 e caiu 2 pontos na primeira hora do pregão. Caiu mais ainda, depois se recuperou por volta de 97 ao meio-dia, mas tornou a cair abaixo de 94 no fechamento. Baruch só soube desses acontecimentos depois do pôr-do-sol. Ele disse que, se estivesse no mercado naquele dia, teria realizado seus lucros quando a ação se firmou em 97. Em vez disso, ele tinha agora grandes lucros e considerável margem de manobra. Continuou especulando na baixa da Amalgamated até que a ação chegou a 60, em dezembro. Ele ganhou cerca de US$ 700.000 com a operação — uma fortuna na época. Conforme escreveu na sua autobiografia, o imenso triunfo deveu-se a duas coisas: a insensatez do pessoal da Amalgamated e a "minha concordância ao pedido de minha mãe para observar um feriado religioso".

Esse tipo de acontecimento espantoso leva Maquiavel a concluir que, sempre que você vir pessoas extraordinariamente ricas ou pessoas miseravelmente pobres, vá com calma nos superlativos, porque é bem provável que "elas tenham chegado à ruína ou à grandeza devido a alguma grande ocasião oferecida pelos Céus, que lhes dá a oportunidade — ou lhes tira o poder — de se conduzirem com coragem e sabedoria". Os muito ricos geralmente chegaram lá por algum impressionante golpe de sorte, e que eles com certeza exploraram, mas a oportunidade veio da Fortuna e não como resultado dos esforços deles. É por isso que grandes louvores estariam deslocados. Do mesmo modo, os muito pobres não deveriam ser condenados, porque provavelmente nunca tiveram uma oportunidade. Não é culpa sua nascer nas favelas de Calcutá e nem é mérito seu ter um pai chamado Rockefeller.

Se a sorte é tão importante, então para que serve a flexibilidade? Na verdade, para que servem todas as outras aptidões que Maquiavel nos manda dominar se quisermos triunfar? A Dama da Sorte poderá simplesmente nos apagar do mapa, por motivos — se motivos houver — que estão fora do nosso alcance. Mas Maquiavel insiste que você não deve se tornar fatalista. Em primeiro lugar, a Sorte favorece os intrépidos e, se você dominar o jogo e perseguir as metas apropriadas com todas as suas forças, é mais provável que você ganhe o apoio da Fortuna do que aquele bobalhão preguiçoso que apenas espera que algo de bom aconteça. Warren Buffett não encontrou a Fortuna deitado no sofá assistindo televisão; ele procura constantemente novos empreendimentos e mesmo novas *commodities*, como daquela vez em que surpreendeu o mundo financeiro acumulando em segredo 1/5 do estoque mundial de prata. Em segundo lugar, você nunca descobrirá o seu destino até que ele realmente aconteça. Com exceção dos profetas, nenhum de nós conhece as intenções da Fortuna, e não é possível distinguir entre os verdadeiros e os falsos profetas até que tenha se passado tempo suficiente para ver se eles profetizaram certo ou errado. Assim, você terá de agir como se o seu destino estivesse em suas próprias mãos, mesmo que saiba, lá no fundo, que talvez não seja bem assim. E se, apesar de todos os seus esforços, a má sorte derrotar você — bem, mantenha o senso de humor: "Sem conhecer as metas da Fortuna, que ela persegue por caminhos escuros e tortuosos, os homens devem conservar a esperança e nunca se entregar ao desespero, quaisquer que sejam os problemas ou infortúnios que lhes aconteçam." Maquiavel detesta gente que se lamenta.

NATUREZA E CRIAÇÃO

Para falar a verdade, não estamos *inteiramente* nas mãos do destino caprichoso. O mais freqüente é que as condições em meio às quais os líderes tomam suas decisões de vida ou morte sejam determinadas pela atividade humana, e a atividade humana geralmente pode ser controlada com êxito. Para fazer isso, os líderes precisam ter uma compreensão total da imensa variedade da História. Acima de tudo, você precisa evitar o erro de acreditar que todos os homens são iguais; há enormes variações de país para país e, às vezes, até mesmo de grupo para grupo dentro das fronteiras de um país. As técnicas de liderança devem ser apropriadas para cada situação específica.

Maquiavel sabe que tanto a natureza quanto a criação são importantes na produção do comportamento humano. Ele reconhece que existe um âmago essencial comum a todos os seres humanos ("Os homens foram [...] e sempre serão animados pelas mesmas paixões e, por isso, precisam necessariamente ter os mesmos resultados"), mas, bom historiador que era, ele insiste em que as pessoas são bem diferentes umas das outras. "Os homens são mais virtuosos ou menos virtuosos, num país ou noutro, de acordo com a natureza da educação pela qual suas maneiras e hábitos de vida se formaram."[7] Ele não se deixa restringir pelas regras do

---

7. *Discursos*, III, 63.

politicamente correto e não hesita em usar estereótipos extremamente positivos ou negativos de povos inteiros (incluindo, acima de tudo, o seu próprio povo, que ele destaca com especial ironia). Rangendo os dentes, ele reclama que os italianos foram repetidamente enganados, traídos e humilhados por franceses e alemães, porque nunca conseguiram aprender os fatos básicos e detestáveis sobre o caráter nacional dos franceses e dos alemães.

Não está na moda hoje em dia falar de caráter nacional, mas às vezes pode ser fatal deixar de avaliar as diferenças fundamentais entre os povos. Lembro aqui uma história famosa nos meus dias de faculdade: uma equipe de consultores em motivação da Madison Avenue foi enviada para a Índia no começo ou em meados da década de 1950 para tentar obter maior produtividade dos operários locais de uma siderúrgica pertencente a norte-americanos. Os donos estavam preocupados porque os indianos largavam o serviço antes da hora e, às vezes, sumiam da fábrica durante dias a fio, fazendo lembrar os primeiros dias da Revolução Industrial na Inglaterra, quando os operários só trabalhavam nas fábricas até ganharem o dinheiro suficiente para pagar a conta no bar até o fim do mês. A delegação da Madison Avenue dividiu os operários indianos em equipes e criou um sistema de bonificações para a equipe "vencedora", esperando com isso fazê-los competir pelos prêmios e, portanto, trabalhar mais arduamente. Mas os indianos, enfurecidos com esses esforços de lançá-los uns contra os outros, acabaram lançando os consultores na pilha de escória.

A história indiana mostra o que acontece quando os líderes se mantêm ignorantes das enormes diferenças no caráter nacional, mas há uma infinidade de exemplos da exploração bem-sucedida do poder do caráter nacional por concorrentes e inimigos. Ainda na Índia, no final do século XIX, as leis coloniais britânicas foram desafiadas por terroristas islâmicos (de modo semelhante à praga contemporânea, que vem matando inocentes desde o norte da África até Israel, Líbano e Europa Ocidental). As formas usuais de repressão não funcionaram, porque os terroristas acreditavam piamente que no instante em que morressem subiriam ao Céu para desfrutar suas delícias. A mera execução dos terroristas, portanto, de nada adiantava, mas finalmente os britânicos encontraram uma solução eficaz: começaram a enterrar os cadáveres dos terroristas envoltos em pele de porco, o que os profanava e impedia sua passagem pelos portais celestiais. Isso inverteu a relação entre o terrorismo e o paraíso: em vez de garantir a entrada imediata, os atos terroristas impediriam para sempre que o terrorista ganhasse as bênçãos do Céu. Houve uma queda impressionante na atividade terrorista.

Os norte-americanos são particularmente suscetíveis à idéia de que todo mundo é fundamentalmente igual, e muitas vezes foram levados à ruína por agir com base nessa premissa falsa. A CIA, por exemplo, põe muita fé no polígrafo (também conhecido como "detector de mentiras", um aparelho que determina se uma fonte de informações é confiável ou não). O polígrafo detecta mudanças na temperatura do corpo, na pressão sangüínea e em outros fatores fisiológicos à medida que a pessoa ouve perguntas sobre si mesma, na suposição de que haverá mudanças fisiológicas involuntárias se ela der respostas falsas. Mas há vários grupos que não reagem dessa maneira, porque a idéia de "mentir" tem um componente cultural específico. Muitas pessoas respondem às perguntas dizendo ao questionador aquilo que elas acreditam que ele quer ouvir, não aquilo que elas acreditam ser "verdade"; essas pessoas não necessariamente se sentem tensas por darem respostas falsas (ou, pior ainda, elas talvez se sintam tensas ao dar respostas verdadeiras, por razões que nada têm a ver com a veracidade das respostas). A fé ingênua no polígrafo levou a CIA a cometer erros colossais na Alemanha Oriental e em Cuba durante a Guerra Fria, por exemplo, quando praticamente todos os "agentes" que a CIA acreditava confiáveis acabaram mostrando ser agentes duplos. Os israelenses foram mais espertos e nunca viram no polígrafo as qualidades quase mágicas que os norte-americanos lhe atribuíam. Eles cedo descobriram que o aparelho não funcionava com os beduínos locais e raciocinaram que, se falhava com um grupo, era necessariamente suspeito em todos os casos.

Mesmo quando os líderes estão bem informados sobre as diferenças nacionais e culturais, não existe garantia de sucesso, porque há problemas que frustram certos tipos de líderes, por mais bem preparados que estejam para seus desafios. A personalidade dos líderes diferem, com diferentes inclinações e impulsos, e o destino de um líder é determinado pelo jogo recíproco entre sua personalidade e a natureza dos desafios que ele encontra. "Tempos e questões [...] mudam freqüentemente, e como os homens não mudam sua imaginação e seus procedimentos, acontece que um homem num momento tem boa sorte e noutro momento tem azar." Os líderes bem-sucedidos devem ter um profundo discernimento da natureza do momento histórico no qual estão operando.

O TEOR DOS TEMPOS

Maquiavel não é o tipo de historiador que acredita em explicar os acontecimentos assentando uma série de elos casuais. Ele está mais para a escola chinesa, sustentando que devemos analisar os acontecimentos históricos por meio do estudo das características singulares de um dado momento ou período. "Afortunado é o homem que harmoniza seu procedimento com o seu tempo", e desafortunado é realmente o homem que está fora de sincronia. Todos nós conhecemos aquele tipo que metaforicamente bate a cabeça contra um muro de pedra, continuando seu curso de ação bem depois que esse rumo mostrou-se perdedor. Essa pessoa não está em harmonia com o momento. Steve Jobs, o excêntrico criador da Apple Computers, levou sua empresa à beira da ruína, insistindo o tempo todo que o mundo acabaria por perceber que ele sempre teve razão e que as pessoas parariam de comprar IBM compatíveis em favor de Apples, Lisas e Macs. Jobs tinha um imenso talento, mas não reconheceu que estava fora de sincronia com o mercado. A Apple teve a sorte de sobreviver.

O papa João Paulo II tem o mesmo tipo de visão histórica que Maquiavel. Logo depois de sua ascensão ao papado, ele explicou aos seus colaboradores mais chegados no Vaticano que havia momentos em que mesmo a pessoa mais corajosa causava pouco efeito sobre o mundo, porque forças poderosas conduziam os acontecimentos humanos em certa direção. Mas havia outros momentos em que uma pessoa, por si só, poderia causar um impacto surpreendente; o papa acreditava que seu papado era um desses momentos. Portanto, começou a inspirar, influenciar e provocar todos os povos do mundo à ação. Seu *slogan*, "Não tenha medo", refletia a convicção do papa polonês de que os tempos estavam maduros para o heroísmo individual. A queda do Império Soviético deveu-se, em parte não desprezível, à aguda compreensão que João Paulo II tinha do momento histórico.

Ronald Reagan também compreendeu que o momento do Império do Mal tinha chegado. Foi isso que ele disse num discurso ao Parlamento britânico em 1981, mas havia tamanho desprezo por Reagan dentro da intelectualidade ocidental que a maioria dos estudiosos da Guerra Fria continua a repetir a falsa afirmação de que "praticamente ninguém previu o colapso da União Soviética". Tanto Reagan quanto o papa compreenderam que a queda era possível e ambos trabalharam nesse sentido.

Ambos, é claro, eram adequados para a tarefa e encontravam-se em grande harmonia com seu tempo, enquanto seus críticos e oponentes — aqueles que acreditavam que o Império Soviético estava destinado a vencer a Guerra Fria e aqueles que achavam que o sistema soviético era, pelo menos, tão estável quanto o Ocidente democrático — estavam fora de sincronia. Até o último minuto, a Alemanha Ocidental pagou em moeda forte ao regime da Alemanha Oriental por cada alemão oriental que recebesse permissão de emigrar para o Ocidente, enquanto Israel pagava à Romênia pelos poucos judeus que escaparam da terrível tirania de Ceausescu. Ambos poderiam ter economizado muito dinheiro.

Compreender a singularidade do momento faz com que você governe com eficácia, não só porque você será capaz de agarrar as oportunidades disponíveis, mas também porque perceberá as exigências do seu empreendimento. Maquiavel compara a regra política com o trato adequado do corpo humano: "Todas as coisas deste mundo têm um limite na vida; mas realizam seus dias conforme ordenado pelos céus aquelas que não danificam o próprio corpo, mantendo-o em boa ordem."[8]

Todas as organizações, de empresas a times de atletismo, de Estados a religiões, públicas ou privadas, grandes ou pequenas, têm um ciclo natural de vida e, assim como podemos encurtar ou prolongar a nossa própria vida prestando atenção às regras da boa saúde, também as organizações têm vida mais longa quando são adequadamente constituídas e bem administradas. Cada uma tem um conjunto de regras que apresenta o melhor funcionamento, e as regras variam de acordo com o tipo de organização e seu estágio de vida.

A maior parte dos conhecimentos convencionais sobre liderança é perigosamente errada, porque sugere que existe um conjunto de princípios imutáveis que, se aplicado com diligência, sempre resulta na melhor chance de sucesso. Maquiavel rejeita essa idéia. Métodos que funcionam num conjunto de circunstâncias

---

8. *Discursos*, III, 1.

são desastrosos em outro ambiente. Problemas diferentes, contextos diferentes, exigem métodos diferentes. Ichak Adizes, um dos nossos pensadores empresariais mais criativos, poderia estar parafraseando Maquiavel quando disse: "Não há soluções absolutas. Tudo depende. O que é certo e o que é errado dependem do que precisa ser feito e como."[9] Você não consegue dominar a Fortuna, mas deve agir como se as suas ações fossem decisivas. Você precisa compreender a grande variedade da natureza humana e apreender plenamente a singularidade do momento histórico e a natureza do empreendimento que você comanda. E uma coisa mais: saiba que, se você triunfar, seus problemas estarão apenas começando.

---

9. Ichak Adizes, *The Pursuit of Prime* (Santa Mônica e Boston, 1996), p. 236.

Capítulo Três

A Guerra da Política

É fácil persuadi-los de alguma coisa; difícil é mantê-los nessa persuasão.

São famosas essas palavras escritas pelo general prussiano Carl von Clausewitz: a guerra é a continuação da política por outros meios, e o inverso é igualmente verdadeiro. Em muitas partes do mundo, mesmo hoje em dia, os perdedores políticos pagam com a vida tão certamente como se tivessem sido mortos no campo de batalha. Nesses conflitos, tal como nos conflitos das sociedades mais civilizadas, onde a derrota significa somente perda de posição ou prestígio, os vencedores também devem muito ao comportamento daqueles que lutam por eles ou ao lado deles. É fácil compreender por que uma pessoa lutaria até a morte para defender sua vida, sua família, seu sítio ou sua casa, mas ninguém nasce com o desejo de arriscar a vida, ou a carreira, pela sua empresa, pelo seu time ou pelo seu país.

Muitos filósofos acreditam que o homem é um animal político e social, para quem é absolutamente natural associar-se com seus semelhantes e defender causas comuns. Não Maquiavel. "Não existe uma mão oculta que traga todas essas atividades humanas para uma harmonia natural", como diz Isaiah Berlin.[1] No mundo de Maquiavel — o mundo real, como é descrito nos livros de História confiáveis —, a traição e a fraude são lugares-comuns, assim como as conspirações contra a autoridade constituída, e tudo é feito visando à satisfação pessoal, como aquela que vem de dominar os outros em vez de trabalhar harmoniosamente com eles. Basta você pensar nas notícias que vieram da África central e ocidental nos últimos anos: hutus massacram meio milhão de tutsis em noventa dias, milhões de refugiados tutsis entram em pânico e fogem, provocando miséria, epidemias e morte em massa pela fome. Chega a ajuda, a situação se estabiliza e, depois, o quadro se inverte: os tutsis, apoiados por seus irmãos tribais dos exércitos saqueadores de insurretos do Zaire, agora massacram os hutus, que entram em pânico e fogem, provocando mais miséria, mais epidemias e morte em massa pela fome.

Esqueça toda aquela conversa otimista sobre associação espontânea. "Todos os homens são perversos", diz Maquiavel com certo exagero dramático já no início dos *Discursos*, "e sempre darão vazão à malignidade que existe em sua mente quando a oportunidade se oferecer." A perversidade humana leva à ruína os homens e suas criações. Quando a Europa mergulhava nas trevas da era fascista, um deprimido Winston Churchill rabiscava o rascunho de um discurso melancólico.

Que terrível desapontamento tem sido
o século vinte.
Tão terrível & tão melancólica
a longa série de acontecimentos desastrosos
que escureceu seus primeiros 20 anos.

---

1. Isaiah Berlin, "The originality of Machiavelli", em *Against the Current: Essays in the History of Ideas* (Londres, 1955), p. 40.

Vimos em todos os países uma dissolução
o enfraquecer dos laços
um desafio aos princípios
a decadência da fé
o decrescer da esperança
dos quais dependem a estrutura e a própria existência
da sociedade civilizada.
Vimos em toda parte do globo
cair, um depois do outro, grandes países
que tinham construído uma estrutura ordenada,
pacífica e próspera de sociedade civilizada.
Todos caindo, numa sucessão hedionda,
na bancarrota, no barbarismo, na anarquia.

Fazer as pessoas trabalharem juntas (que dirá fazê-las arriscar a vida por um empreendimento comum!) exige esforço: um esforço árduo, sujo, terrível — o esforço de líderes. Não podemos contar que os seres humanos façam de maneira espontânea ou voluntária a coisa certa, porque seus instintos correm na direção oposta. Como diz o protagonista do romance *All the King's Men*, de Robert Penn Warren, a um colega idealista: "Bondade. É, somente a boa e velha bondade. Bem, você não a recebe de herança. Você precisa construí-la a partir da maldade. (...) E sabe por quê? Porque é só a partir da maldade que se pode construir a bondade."[2]

E isso é só metade da questão. A humanidade, como observou certa vez o romancista norte-americano Stanley Elkin, poderia ser dividida em duas grandes categorias: os "viventes" e os "que deixam viver". Maquiavel é decididamente um "vivente", às vezes até mesmo um *bon vivant*. Suas cartas, como seus dias e suas noites, são plenas de intensa atividade sexual, e ele é a alma de muitas e

---
2. Robert Penn Warren, *All the King's Men* (Nova York, s/d), p. 257.

muitas festas. Escrevendo para um amigo, ele observa que quem lesse as cartas que mandavam um para o outro pensaria, de início, que eles eram "dois homens sérios, totalmente preocupados com assuntos importantes"; mas logo, continuando a leitura, descobriria que "nós, os mesmos dois homens, temos uma mente frívola, somos inconstantes, lascivos, preocupados com coisas vãs". Ele acha isso absolutamente natural, embora algumas pessoas tendessem a criticar os dois por cederem à luxúria e à frivolidade. "Estamos imitando a Natureza, que é variável; e quem a imita não deve ser censurado."

Ah, mas esse elemento da natureza humana apresenta um sério problema para os líderes. Embora seja natural que o ser humano ceda aos seus desejos sensuais, a busca insaciável de prazer provocará desequilíbrio e falhas de julgamento, com tanta certeza e tão ruinosamente quanto a busca desenfreada de mais riqueza e poder. Maquiavel, que se apaixonava com freqüência e entusiasmo, sabe muito bem que não se consegue manter um diálogo racional com alguém que está atrás do objeto de sua paixão. Mesmo o militar mais durão poderá ter a sua vontade anulada por uma mulher estonteante. Quando as tropas italianas ficaram intactas no Líbano, em 1983, enquanto as outras forças aliadas sofriam repetidos ataques de atiradores de elite e terroristas, muitas pessoas se perguntaram como os italianos conseguiam evitar baixas. Quinze anos depois foi revelado que o ministro da Defesa sírio tinha ordenado que deixassem os italianos em paz por causa de sua paixonite pela estrela de cinema Gina Lollobrigida. O general Mustafá Tlass contou ao repórter do jornal *Al-Bayan*, de Dubai: "Reuni os líderes da resistência libanesa e lhes disse: 'Façam o que quiserem com as forças americanas, inglesas e as outras, mas eu não quero ver um único soldado italiano ferido.' (...) Eu não quero ver lágrimas rolando dos olhos da Gina Lollobrigida. (...) Eu coleciono fotos dela e costumava lhe mandar cartas das frentes de batalha ou de qualquer outro lugar do mundo."[3]

Quando Tlass se tornou chefe do estado-maior, em 1968, Lollobrigida começou a responder às suas cartas e ele lhe mandou livros, jóias e antigüidades. Atendendo aos seus repetidos convites, ela retribuiu os presentes visitando-o em Damasco e consolidando a amizade com um banquete em família. Maquiavel sabe que não se pode esperar que um homem nas garras de semelhante paixão exerça uma férrea autodisciplina. Esse homem continuará a perseguir o objeto de seu amor. Maquiavel, por ter sido dominado por essas emoções, aceita o inevitável. Ele concorda com Boccaccio que "é melhor fazer e se arrepender do que não fazer e se arrepender", mesmo quando o fazer torna a vida mais difícil. Escrevendo sobre um caso com uma mulher da localidade, ele confessa: "Tudo parece fácil para mim e eu me submeto a todos os desejos dela, não importa quão diferentes sejam dos meus. Mesmo se parece que estou com um grande problema, sinto nele uma imensa doçura."[4]

Seu desejo supera até mesmo a sua dedicação ao trabalho: "Não encontro mais prazer em ler sobre os feitos dos antigos ou em discutir os feitos dos modernos. Tudo se transformou em pensamentos doces, pelos quais agradeço a Vênus."

O desejo de ter mais e mais nos conduz ferozmente a buscar prazeres de todo tipo: comida, sexo, drogas, álcool, música. (O tabaco mal tinha chegado à Itália renascentista; os ricos e fortes charutos que levam o nome de "toscanos" são de safra mais tardia.) Nossos desejos sensuais são grandes e nunca se distanciam da nossa atenção, mesmo quando estamos lidando com os temas mais profundos. É difícil permanecermos atentos, porque a tentação nos

---
3. Anton La Guardia, "General's crush on Lollobrigida saved troops from attack", *The Telegraph* (Londres) 2 de janeiro de 1998.
4. Carta a Francesco Vettori, 3 de agosto de 1514.

rodeia. Nas agonias da paixão, nos pantanais da autocomplacência ou na doce letargia da indolência, o ser humano presta pouca atenção aos sermões morais ou aos padrões de boa conduta. Ele fará qualquer coisa — mentir, trapacear, roubar, estuprar, matar — para satisfazer seus anseios. Não há família, não há empresa e certamente não há país ou exército que consiga suportar por muito tempo essa degradação de suas partes componentes.

Temos aí uma nova ameaça. Somos ameaçados não só por inimigos internos e externos, ansiosos para nos derrubar do poder, para tomar nossas riquezas e nos dominar; mas todos nós também estamos ansiosos para nos liquidar. O ser humano não é apenas ambicioso, ele também é preguiçoso, indolente, arrogante, dissoluto e autocomplacente. Maquiavel conhece muito bem a sarjeta moral, pois está cercado por ela, e em seus momentos de fraqueza nela mergulha. Numa de suas cartas, ele fala de Florença como "um ímã para todos os impostores do mundo". Essas características fazem parte da natureza humana, tanto quanto a paixão pelo poder e pelo domínio, mas elas levam para a direção oposta. A ambição nos leva para cima, para construir novas instituições, criar e acumular mais riqueza, expandir nosso domínio e, desse modo, tornar possíveis novos países e mesmo impérios. Uma vez chegados ao pináculo, porém, o preço da vitória desgasta a nossa paixão por mais e mais e nos leva para os caminhos da tentação. Ficamos felizes em sucumbir. A indolência, a preguiça, a avidez e os outros pecados e vícios autocentrados levam para baixo, para a desintegração, a discórdia interior e o domínio pelos outros. A língua nos diz qual o mais fácil (como se não soubéssemos): subir a ladeira do sucesso é trabalho duro, enquanto deslizar para a lama exige pouco esforço. A lata de lixo da História está transbordando de homens, empreendimentos, nações e impérios que alcançaram grande sucesso ao longo de anos, de décadas e até de séculos de imensos esforços, mas depois apodreceram de dentro para fora, sucumbindo facilmente diante dos inimigos. Às vezes nem é necessário um inimigo; o próprio apodrecimento é suficiente para produzir a ruína.

Maquiavel coloca tudo isso num de seus preciosos epigramas sobre o giro constante da roda da História: "A virtude gera a calma, a calma gera a indolência, a indolência gera a desordem, a desordem gera a ruína; e, do mesmo modo, da ruína nasce a ordem, da ordem nasce a virtude, da virtude nascem a glória e a boa fortuna."[5]

OS PERIGOS DA VITÓRIA

Seus problemas não terminam quando você chega ao topo; na verdade, eles se multiplicam. Você terá de se preocupar com o apodrecimento de seus próprios instintos e dos do seu pessoal, bem como com os dos seus inimigos e concorrentes. Duas guerras precisarão ser travadas: uma contra aqueles que tentam liquidá-lo, usando as armas reais do campo de batalha ou as armas figuradas, tão comuns na competição política, atlética ou empresarial; a outra, também dramática, contra os piores impulsos que existem dentro de você mesmo. Quanto maior for o seu sucesso nessa primeira guerra (que o torna mais forte e mais rico), tanto maior o perigo que você corre na segunda — à medida que a riqueza e o poder despertam as tendências calamitosas na sua natureza. Não estou dizendo que não há homens bons; eles existem, sim, mas não são atores nesse drama. Eles não ameaçam a sua escalada nem tomam parte na sua queda. A virtude deles, ao contrário da sua, é a própria recompensa deles. Você só tem de se preocupar com os homens e mulheres que encontra no campo de batalha ou com aque-

---

5. *The Florentine Histories*, Volume 1.

les que o arrastam morro abaixo, e eles estão lutando por recompensas bem diferentes.

A melhor chance de triunfar no campo de batalha e resistir às seduções da indolência e da autocomplacência está na virtude e na disciplina — as qualidades dos bons soldados. "Um príncipe", alerta Maquiavel, "não pode ter outro objetivo ou outro pensamento, e nem dedicar-se a qualquer coisa que não seja a guerra",[6] querendo dizer que as virtudes do guerreiro são as mesmas que as de todos os grandes líderes de toda organização bem-sucedida. Costuma-se dizer que, em tempo de paz, as pessoas não querem ser governadas pelos militares; mas isso é apenas meia-verdade. Os exemplos de De Gaulle e Eisenhower mostram que certo tipo de líder militar torna-se uma figura política igualmente grande. As pessoas não querem ser governadas por militares que sejam incapazes de se adaptar aos tempos de paz. John Keegan talvez tenha escrito a melhor descrição das características do militar que mais preocupam a sociedade civil:

> Em toda sociedade há homens que são bons na guerra, mas só conseguem ser soldados. Outro dia, eu estava escrevendo o obituário de um homem desse tipo. Eu o conheci bem. (...) Depois de vê-lo partir, baioneta calada, à frente para o ataque, e agora vendo-o retornar, salpicado de sangue e saciado, os outros não se identificavam com a sua bravura e sim com o terror que ele devia ter causado nos inimigos — durante o breve momento em que estes ainda viveram. Na verdade, bravura não descreve essa qualidade. Ele simplesmente não sentia as mesmas emoções que os outros diante da morte. A morte era algo que ele distribuía, não que ele recebia, e como seus

---

6. O Príncipe, 14.

poderes de distribuição eram muito maiores que os daqueles com quem deparava, o medo não habitava a sua pessoa.[7]

Queremos esse tipo de líder quando precisamos combater inimigos perversos, mas não o queremos governando a sociedade civil. Por outro lado, um líder que consegue combater inimigos perversos e governar a sociedade civil, mudando seu estilo e seus métodos para se adaptar às circunstâncias, consegue resultados ímpares. Na verdade, como insiste Maquiavel, um líder político realmente grande deve ser capaz de usar o poder militar. Margaret Thatcher demonstrou isso na Guerra das Malvinas; e certamente não é por acaso que o Pai da Pátria norte-americana, George Washington, bem como aquele que talvez tenha sido o seu maior presidente, Abraham Lincoln, demonstraram grandeza tanto em tempos de paz quanto na guerra. A maioria dos países deve sua criação e a continuidade de sua existência às vitórias na guerra.

Preparar-se para a guerra enrijece você e lhe faz lembrar as qualidades necessárias para a vitória: julgamento frio e prudente, alerta para as mudanças nas circunstâncias, bravura sob o fogo, coragem quando desafiado, solidariedade com os camaradas e total compromisso com a missão. Esse preparo é física e mentalmente exigente, deixando pouco tempo ou energia para a pessoa desfrutar o conforto. Além disso, o bom guerreiro é dedicado ao avanço da causa comum ("as tropas, as tropas", como proferiu o general MacArthur em seu elegante discurso de despedida) e não à sua situação pessoal. A força das armas segue de mãos dadas com as boas leis e a boa liderança para manter íntegra e segura uma nação, pois dentro dela os "homens armados" — policiais e as várias formas de milícias — impõem as leis e preservam o poder do Estado. Mas Ma-

---
7. John Keegan, *Wall Street Journal*, 27 de março de 1997.

quiavel é inflexível: a força, sozinha, não faz "o certo", a lei. Sem boas leis não pode haver bons exércitos, pois estes seriam empregados para promover uma causa ilegítima.

Tal como a própria guerra, a preparação militar oferece um verdadeiro teste de caráter e, nas melhores circunstâncias, cria um "estoque" de líderes para o país. "Em qual homem iria a nação encontrar maior fé do que naquele que jurou morrer por ela?", pergunta Maquiavel retoricamente, e os Estados Unidos, de modo geral, fizeram muito bem em seguir esse conselho. Ulysses Grant e o herói militar William Henry Harrison não foram grandes presidentes, mas os Estados Unidos tiveram momentos de verdadeira glória sob a liderança de George Washington, de Theodore Roosevelt e de Dwight Eisenhower, todos eles defensores do vigor másculo, do rigor moral e da prudência no trato dos assuntos nacionais. Todos eles se tornaram líderes políticos principalmente por causa das qualidades heróicas que demonstraram em tempo de guerra e, para aqueles que gostam de acreditar que esses homens teriam se tornado grandes figuras nacionais em tempos mais tranqüilos, Maquiavel sacode a cabeça. "Sempre ocorreu — e sempre ocorrerá — que os raros homens de vulto da república são ignorados no tempo de paz." Trata-se, em dose dupla, do ditado "a ocasião faz o homem"; grandes homens são estimados e enaltecidos nos momentos difíceis, postos de lado logo que a vitória é alcançada. Pergunte a Winston Churchill e a Charles de Gaulle, ou àqueles inflexíveis especialistas em reabilitação corporativa que salvam empresas do naufrágio por meio de cortes radicais, treinam os sobreviventes para levarem em frente a nova missão e recuperam dolorosamente, centímetro por centímetro, sua participação no mercado.

Assim, paradoxalmente, a paz aumenta o perigo que corremos, pois torna a disciplina menos urgente, estimula alguns dos nossos piores instintos e nos priva de alguns dos nossos melhores líderes. O grande general prussiano Helmuth von Moltke sabia do que estava falando quando escreveu a um amigo: "A paz duradoura é um sonho, e nem mesmo um sonho agradável; a guerra é uma parte necessária do arranjo de Deus para o mundo. (...) Sem guerra, o mundo se deterioraria no materialismo."[8] Como sempre, Maquiavel põe os pingos nos is e as barras nos tês: não se trata apenas do fato de que a paz solapa a disciplina e, com isso, dá aos vícios destrutivos maior domínio. Se realmente alcançássemos a paz, "A indolência tornaria [o Estado] efeminado ou despedaçaria sua unidade; as duas coisas juntas, ou cada uma por si só, seriam a causa de sua ruína".[9] Essa é a variação de Maquiavel sobre um tema de Miterrand: a ausência de movimento é o início da derrota.

Maquiavel usa a palavra "efeminado" para descrever um líder ou uma organização fracos e indecisos, mas ele certamente sabe que as mulheres são tão capazes quanto os homens de exercer uma liderança forte e coerente. Na verdade, ele coloca algumas governantes em par de igualdade com os melhores homens, e tem uma predileção especial por certa personagem da Renascença, "Madame de Forli". Caterina de Forli caiu nas garras dos inimigos. Eles mataram seu marido, capturaram Caterina e seus filhos e exigiram que ela lhes passasse o controle da cidade-fortaleza. De Grazia completa a fascinante narrativa:

> Prometendo aos captores que, se a deixassem voltar à cidade, ela faria [os guardas da fortaleza] abrirem os portões, Caterina deixou os filhos como reféns. Uma vez dentro da cidade, ela surgiu no alto dos muros, cuspiu nos assassinos, ameaçou-os com uma vingança terrível e, gritando que ainda tinha meios de fazer outros filhos, le-

---

8. Carta do general von Moltke ao Dr. J.K. Bluntschli, 11 de dezembro de 1880.
9. *Discursos*, I, 6.

vantou as saias e lhes mostrou a genitália. Os conspiradores dispararam em fuga.[10]

Nunca subestime a força das mulheres! Maquiavel sabe que elas são tudo menos passivas. Na verdade, ele reserva um desprezo especial para a pessoa tola o bastante para ganhar a inimizade de uma mulher, pois ele provavelmente pagará um preço terrível pela sua estupidez.

Aquele que ofende a mulher,
justa ou injustamente, está louco se acredita que
com preces e choros nela encontrará misericórdia.
Quando a mulher desce para esta vida mortal,
junto com a alma traz
orgulho, desdém e nem um pingo de perdão;
o embuste e a crueldade a acompanham
e lhe dão tamanha ajuda
que cada empreendimento aumenta o seu desejo;
e se o desprezo amargo e feio
a mover, ou o ciúme, ela age e os maneja;
e sua força excede a força dos mortais.[11]

Assim como Maquiavel, sabemos que as mulheres podem ser inflexíveis. Elas conseguem comandar Estados e exércitos — como dolorosamente perceberam os líderes militares argentinos quando enfrentaram Margaret Thatcher na questão das Malvinas, e os líderes árabes, quando tentaram destruir Israel durante o governo de Golda Meir — e também combater, especialmente em

---

10. Sebastian de Grazia, *Machiavelli in Hell* (Nova York, 1994), p. 135.
11. Maquiavel, *Clizia*, Ato 3, traduzido [para o inglês] por Sebastian de Grazia, citado em de Grazia, *op. cit.*, p. 137.

missões individuais, como pilotar certos tipos de aeronave ou usar armas de pequeno porte em situações não-convencionais. Mulheres têm se mostrado terroristas notáveis, tanto no Exército Vermelho japonês quanto nas Brigadas Vermelhas italianas e no grupo alemão Baader-Meinhof, cuja co-fundadora foi Ulrike Meinhof, mais tarde condenada por assassinato. O primeiro-ministro italiano Aldo Moro foi executado por uma terrorista e um avião cheio de executivos do petróleo foi seqüestrado em Viena, em meados da década de 1970, por um grupo terrorista liderado por uma árabe, Leila Khaled. As mulheres têm mostrado um desempenho heróico nas forças especiais e, de Dalila a Mata Hari, ganharam fama como excepcionais agentes de espionagem.

Por outro lado, Maquiavel insiste que as diferenças entre os sexos são tão grandes, que impõem obrigações diferentes aos homens e às mulheres. Antes de tudo, Maquiavel acredita que as mulheres não têm tanta propensão ao mal quanto os homens. Proteger as mulheres, portanto, é um imperativo moral, e Maquiavel alerta os futuros príncipes no sentido de que um dos atos mais perigosos que eles poderão cometer é violar as mulheres de seus súditos. Além disso, embora as mulheres possam ser tão inflexíveis psicologicamente quanto os homens, elas não são páreo para as proezas físicas masculinas. Mulheres como Margaret Thatcher, Golda Meir e Indira Gandhi igualaram os desempenhos masculinos nos campos de batalha simbólicos da política, mas elas perderiam no combate literal da guerra. Não há competição entre homens e mulheres na batalha física. A força, a velocidade e o vigor — ingredientes básicos do bom guerreiro — favorecem os homens por ampla margem. Além disso, as mulheres não buscam realização no serviço militar com tanta ânsia quanto os homens; nas forças armadas dos Estados Unidos, onde cada serviço militar precisa preencher uma quota de mulheres, custa duas vezes mais recrutar uma mulher do que recrutar um homem. Com raras exceções, as mulheres não alcançam tanta glória militar quanto os homens, porque quase sempre falta a elas as condições físicas e o desejo apaixonado de alcançar a glória. Esse é um dos sentidos em que Maquiavel descreve como "efeminados" um Estado fraco ou irresoluto e seus líderes vacilantes. Há uma ressonância adicional ao "efeminado", proveniente do fato de que a presença de mulheres ao redor de um exército é invariavelmente uma fonte de perturbação, uma ruptura potencialmente perigosa da disciplina e do moral das tropas. Quando Maquiavel estava comandando uma força militar, ele baniu do entorno imediato todas as mulheres — incluindo as inevitáveis vendedoras e prostitutas que sempre seguem os exércitos. Só desse modo ele conseguia assegurar que seus soldados se concentrassem inteiramente na tarefa à sua frente. Durante a Segunda Guerra Mundial, do mesmo modo, o general Patton proibiu até mesmo as gravuras de garotas. As mulheres são uma distração para os homens, tal como as outras tentações que enfraquecem a resolução, solapam as energias e corrompem o discernimento. No vocabulário de Maquiavel, Estado (ou organização) "efeminado" é aquele no qual já está em andamento o deslize para a indolência e a autocomplacência. Esse Estado virou as costas às virtudes das boas armas e das boas leis, o que leva à ruína quase certa do bem comum. A corrupção dos líderes ameaça a força e o sucesso de todo o empreendimento, porque aos líderes corruptos falta a disciplina e a dedicação à missão sem as quais nenhuma organização consegue vencer.

OS ESTADOS UNIDOS DE CLINTON:
CORRUPÇÃO E DESPREZO

Em *A arte da guerra*, Maquiavel descreve uma geração de líderes italianos logo antes de serem esmagados por ambiciosos invasores estrangeiros.

Acreditavam eles (...) que bastava um príncipe, nos gabinetes palacianos, elaborar uma resposta ácida, escrever uma bela carta, demonstrar sagacidade e prontidão em ditos e escritos, saber tecer uma intriga, (...) manter muitas mulheres lascivas à sua volta, conduzir-se com avareza e orgulho, apodrecer na ociosidade, conceder promoções militares por favoritismo, desdenhar se alguém lhe mostrasse caminhos louváveis, querer que suas palavras fossem como respostas de oráculos; e esses incapazes nunca perceberam que estavam se preparando para ser a presa de quem os atacasse.[12]

Quem olhar atentamente os Estados Unidos de Bill Clinton ficará chocado diante da clínica exatidão com que Maquiavel descreveu esse presidente e a estreita relação existente entre sua corrupção pessoal e sua rejeição da virtude militar. Clinton combina um frenesi apaixonado pela satisfação pessoal, beirando o comportamento sexual obsessivo e compulsivo,[13] com um eterno desprezo pelos militares, cuja devoção total ao bem comum é o oposto daquela mostrada por Clinton. O Corpo de Fuzileiros Navais dos Estados Unidos instila essa devoção nos recrutas desde o primeiro minuto do treinamento básico na ilha Parris: "Estampadas nos pilares que ladeiam o segundo-sargento Rowland, em letras pretas e vermelhas, estão as palavras VALORES BÁSICOS: HONRA, CORAGEM, COMPROMISSO. ('Essas são coisas', explica Al Gray, ex-comandante da Marinha, 'que vêm antes do indivíduo').".[14]

Quase todos os líderes contemporâneos — Clinton seria um caso extremo, mas dificilmente único — têm pouco interesse pe-

---
12. *A arte da guerra*, 7.
13. Paul Flick, *The Dysfunctional President* (Nova York, 1995).
14. Thomas E. Ricks, *Making the Corps* (Nova York, 1997), p. 55.

las "coisas que vêm antes do indivíduo". Maquiavel expõe brilhantemente a conexão entre a autocomplacência desses líderes e sua incapacidade de elaborar estratégias eficazes. Sua paixão pela auto-realização deixa pouco espaço mental e emocional para o bem comum e, conseqüentemente, eles são incapazes de usar com coerência o poder contra seus inimigos. Esses príncipes autocomplacentes mostram extrema relutância em enviar exércitos para a frente de batalha. Mesmo quando Clinton sentiu que devia fazer isso, como no Iraque, ele ordenou aos seus generais que evitassem sofrer baixas; eliminando assim, portanto, quaisquer esperanças de vitória. Os príncipes corruptos que tanto enfureciam Maquiavel temiam o perigo e, por isso, "mantinham-se longe do exército", tal como fez Clinton quando usou toda a sua astúcia para evitar o serviço militar durante a Guerra do Vietnã. Esses líderes usam o poder militar para realçar a própria imagem, não para promover o bem comum. Já ouvimos Maquiavel observar, com tristeza: "Eventualmente vemos um rei ir em pessoa à guerra (...) mas ele o faz apenas pela pompa e não por qualquer motivo digno."[15] Trata-se de um "lance publicitário", não de uma virtude.

Clinton temia a guerra, mas também reconhecia como era importante que o povo norte-americano visse nele um herói. O jornal *Washington Post* revelou, em 27 de agosto de 1998, que o governo Clinton andava cancelando secretamente as inspeções da ONU no Iraque desde o outono do ano anterior, apesar de mobilizar as forças armadas e de lançar severas ameaças públicas de retaliação se Saddam Hussein deixasse de concordar com aquelas inspeções. A Secretária de Estado Madeleine Albright zangou-se com as acusações de timidez, argumentando (segundo o *Post*) que ela e seus colegas estavam tentando "somente controlar o ritmo do confronto com o Iraque para criar as melhores condições nas quais triunfar".

---

15. *Discursos*, III, 10.

Em linguagem clara e corrente: Clinton não estava pronto nem capacitado para constituir uma ameaça séria ao regime de Saddam e, por isso, fugiu de um conflito que teria exposto a impotência dos Estados Unidos. Quando o chefe dos inspetores norte-americanos, Scott Ritter, demitiu-se enojado com essa duplicidade política, ele foi ferozmente atacado pelo governo Clinton e, depois, investigado por ter deixado vazar material confidencial para o público.

O fiasco no Iraque não foi uma exceção, conforme demonstra a outra grande campanha das forças armadas norte-americanas durante o governo Clinton: a Bósnia. A missão na Bósnia foi bem diferente da campanha no Iraque, pois esta última visava retaliar um ato de agressão, enquanto a primeira foi definida como uma operação de "manutenção da paz". Mas, tal como no Iraque, houve uma preocupação quase obsessiva com a possibilidade de baixas norte-americanas. Recursos dos serviços secretos foram desviados em massa para a Bósnia, a fim de que os Estados Unidos pudessem conhecer antecipadamente quaisquer ações hostis contra seus soldados. Essa preocupação pareceria louvável no campo da abstração, mas tanta atenção foi dedicada à Bósnia — satélites de observação foram desviados para proporcionar cobertura constante — que tivemos bem menos informações sobre áreas onde a guerra era uma possibilidade real, como a Coréia e Taiwan, durante as prévias das eleições no começo do verão de 1996. Tal como ocorreu na Guerra do Golfo, os comandantes norte-americanos foram instruídos para evitar a mais remota possibilidade de combate com o inimigo, o que acabou proporcionando maior grau de segurança para vários "criminosos de guerra" indiciados e, desse modo, tornando menos provável a estabilidade na região a longo prazo. Essas preocupações com o futuro — que deveriam ser levadas a sério se os líderes se preocupassem realmente com a segurança nacional — foram soterradas pelo medo das conseqüências políticas que surgiriam das baixas norte-americanas.

Esse tipo de corrupção da missão nacional, combinado com o mito de que a paz é normal, produz um solvente suficientemente forte para invalidar o poder das forças armadas e a integridade dos líderes políticos e militares. A importância suprema dos militares e do moral que une um corpo de combatentes deriva do reconhecimento de que, sem eles, nossos inimigos nos matariam ou nos dominariam. Se nossos líderes, sem acreditar que a nossa sobrevivência depende da nossa capacidade de vencer a próxima guerra, dedicam suas energias a evitar baixas que viriam a ser publicadas, então as Forças Armadas se tornam apenas mais uma instituição social ou até mesmo um laboratório para experimentos: por exemplo, colocar mulheres ao lado dos homens nas unidades de combate. Martin Van Creveld, historiador militar israelense, depondo diante de uma comissão presidencial sobre as mulheres nas Forças Armadas, comparou a atitude norte-americana com aquela vigente em Israel, seu país:

Para nós, os militares são uma questão de sobrevivência. (...) Para vocês, os militares não são uma questão de vida ou de morte e, por mais de um século, na verdade desde a Guerra Civil (...) eles nunca o foram. Trata-se sempre de uma questão de "devemos ou não devemos? Podemos ou não podemos?" (...)
Desse modo, vocês podem se permitir todo tipo de coisas (...) aquilo que muitas vezes tenho de explicar para gente de fora como algo que parece ser experimentos sociais bizarros, porque de todo modo não importa (...) O próprio fato de vocês promoverem este debate poderia ser interpretado como prova de que o assunto não é sério. É um jogo. É uma piada.

A corrupção que Maquiavel tão bem conhece e compreende penetrou nas Forças Armadas norte-americanas até o ponto em que os líderes militares são constantemente forçados a redefinir "sucesso" para poderem satisfazer os critérios dos "experimentos sociais bizarros" que seus superiores políticos ordenaram. As mulheres não conseguem satisfazer os mesmos padrões físicos dos homens, mas em vez de limitar os papéis das mulheres, os padrões vêm sendo sistematicamente diluídos. Se os padrões apropriados fossem seguidos, somente um punhado de mulheres se formaria na escola de aviação e ganharia suas asas de piloto; mas, já que existe uma exigência política de maior número de mulheres, os padrões vêm sendo facilitados para aceitá-las. A tripulação de um porta-aviões precisa ser capaz de evacuar seus feridos em macas no caso de uma emergência, mas duas mulheres não conseguem carregar uma maca com um homem deitado nela. As macas, portanto, foram reprojetadas para quatro transportadores e a tarefa da evacuação foi redefinida como um "exercício para quatro pessoas". Os oficiais que se recusam a comprometer os padrões, de modo a dar a impressão de que as mulheres estão fisicamente em pé de igualdade com os homens, são convidados a pedir aposentadoria precoce. Enquanto isso, toda uma nova geração de navios da Marinha está sendo reformulada nas pranchetas e incluirá ralos de pia mais largos (para os cabelos mais longos das mulheres), exaustores mais potentes (para eliminar os vapores do laquê), lavadoras automáticas para tecidos delicados e por aí afora. E já que há muitas mulheres grávidas a bordo, os navios terão de satisfazer as exigências de segurança para os fetos, como níveis de ruídos e de temperatura.

    A corrupção dos padrões é realmente grave, mas talvez não tão grave quanto a desmoralização (no sentido mais amplo do termo) das Forças Armadas produzida pelo contato imediato e constante entre homens e mulheres. Quem gerencia uma grande organização sabe como é difícil eliminar a atração sexual nas relações de trabalho. A comunidade empresarial, após anos tentando proibir os "romances de escritório", finalmente cedeu ao inevitável no começo de 1998: "Em vez de tentar impedir que gerentes mantenham relações sexuais com subordinados(as), muitas grandes empresas estão agora mudando as regras para conciliar essa realidade. (...) 'Tentar criminalizar o romance é como tentar criminalizar as condições climáticas', disse um ex-executivo da IBM ao *Wall Street Journal*."[16]

Se separar o sexo do trabalho mostrou-se tarefa impossível nas empresas norte-americanas, mais difícil ainda, e mais prejudicial, é tentar fazê-lo nas Forças Armadas. Os problemas destrutivos aumentam significativamente quando, tal como ocorre hoje, homens e mulheres jovens são colocados lado a lado em situações de grande tensão, como no treinamento básico ou em longas missões no mar. As paixões, frustrações e ciúmes são devastadores quando se trata de criar um corpo militar disciplinado e coeso, no qual o bem comum é tão importante que cada soldado deve estar preparado para sacrificar tudo, inclusive a própria vida, para defendê-lo. Já é bastante difícil convencer um homem de que ele deve estar disposto a morrer pelo seu país quando ele está rodeado de homens com as mesmas idéias e sujeito a uma disciplina férrea e a um treinamento físico exaustivo; as coisas se complicam quando se subverte a disciplina e o moral da tropa tentando cada soldado com a oportunidade do sexo.

Os israelenses, cujas Forças Armadas são consideradas por algumas pessoas como as melhores do mundo, não só devido ao seu moral extraordinário, tomam grande cuidado em segregar os sexos. As mulheres não ficam sob o comando de um homem e nem, em caso de medidas disciplinares, são julgadas por homens ou tra-

---

16. David Sapsted, "Employers stop trying to blunt Cupid's arrow", *The Telegraph* (Londres), 5 de fevereiro de 1998.

tadas por médicos homens. Numa emergência, se não houver uma médica por perto, outra mulher fica presente durante o tratamento prestado pelo médico homem. As mulheres servem em unidades femininas e são mantidas longe das zonas de combate. Separadas por não serem iguais aos homens, as mulheres, contudo, são altamente prestigiadas e protegidas. Por outro lado, as forças norte-americanas na Bósnia tinham inicialmente barracas mistas — e uma taxa de gravidez bem acima da média militar mundial. A mídia local comentou acidamente que as tropas não capturavam criminosos de guerra porque estavam ocupadas demais procriando. O moral da tropa caiu a tal ponto que os sexos tiveram de ser separados, confirmando a opinião de Maquiavel sobre o assunto.

A conexão fatal entre o abandono dos padrões militares e a corrupção da virtude cívica é demonstrada pelo argumento hoje defendido pelos que querem expandir os papéis militares femininos: dizem eles que não há homens qualificados em quantidade suficiente para lotar os alojamentos e, portanto, precisamos das mulheres. A escassez de homens mostra que o serviço militar perdeu seu tradicional prestígio, o que, para Maquiavel, é um indício fatal da corrupção dos valores adequados. No Estado virtuoso de Maquiavel, o serviço militar é considerado uma honra e uma obrigação, e os líderes maquiavélicos insistem para que os homens cumpram o seu dever. Até o protesto em massa contra a Guerra do Vietnã em meados da década de 1970, todos os homens norte-americanos estavam sujeitos a dois anos de serviço militar, mas a convocação militar obrigatória foi eliminada por Richard Nixon para desarmar o protesto político das classes privilegiadas. Houve um breve renascimento do prestígio militar norte-americano nos anos das vitórias na Guerra Fria (em grande parte, porque os Estados Unidos frustraram os soviéticos e seus agentes nos combates em Angola, Granada e Afeganistão) e na Guerra do Golfo, apesar de todas as falhas desta última. Mas, como sempre, a vitória levou à corrupção, com os resultados tão bem descritos por Maquiavel.

A simples prudência dita que deveríamos manter a nossa considerável vantagem militar diante de inimigos potenciais, especialmente numa época de redução dos investimentos militares e encolhimento do setor militar na ciência e indústria norte-americanas. Em vez disso, os Estados Unidos têm feito o oposto. Durante os governos Bush e Clinton, o país ofereceu aos chineses algumas das melhores tecnologias militares, grande parte delas a preços baixíssimos. Vendemos a eles a crucial tecnologia de "seção quente", que dá aos motores das aeronaves modernas seu empuxo especial; com isso, asseguramos que a próxima geração de aviões de combate chineses terá os melhores motores do mundo. Vendemos a eles quantidades perigosamente grandes de supercomputadores, a coluna vertebral da guerra moderna. Num período de quinze meses, desde fins de 1995 até o começo de 1997, o governo Clinton aprovou a venda de quarenta e seis supercomputadores, número esse maior do que a totalidade dos supercomputadores hoje usados pelo Pentágono, pelos serviços militares e pela comunidade dos serviços secretos juntos. Isso será de imensa ajuda para os chineses projetarem armamentos avançados, incluindo armas de destruição em massa, bem como aviões e mísseis, e permitirá que eles dêem um salto quântico na sua capacidade de criptografar suas comunicações e decifrar as nossas. Permitimos que eles comprassem ferramentas mecânicas avançadas para construir as asas dos aviões de combate e a "pele" altamente aperfeiçoada dos mísseis balísticos; permitimos que comprassem o *know-how* para a produção do GPS (Sistema de Posicionamento Global), que eles poderão usar para dar uma precisão letal aos seus mísseis balísticos; permitimos que comprassem pequenos motores a jato, para os mesmos mísseis balísticos; e permitimos que comprassem laboratórios para testar tecnologia "secreta". E essa é apenas parte de uma longa lista.

Quando esses fatos começaram a vir à tona, o governo Clinton negou repetidamente que quaisquer leis tivessem sido violadas (como se essa fosse a questão) e continuou a fazer seus negócios sem praticamente sofrer nenhuma oposição do Congresso e dos grandes meios de comunicação. As ações eram, nas elegantes palavras de Talleyrand, "piores que um crime (...) uma asneira" e feitas de modo a evitar qualquer debate público. A tecnologia de "seção quente", por exemplo, havia muito estava proibida a países hostis ou potencialmente hostis; e toda a tecnologia militar avançada era negada à China, por lei, desde o massacre de Tiananmen (a Praça da Paz Celestial). Clinton redefiniu silenciosamente essa tecnologia, retirou-a da lista de itens militares sensíveis e transferiu a autoridade para vendê-la, do Departamento de Estado para o Departamento de Comércio, onde seu amigo Ron Brown num instante aprovou o negócio.

O esquema dos supercomputadores seguiu um padrão semelhante. Os Estados Unidos tinham um antigo acordo com o Japão, o único outro país que fabrica supercomputadores eficientes, de restringir as vendas de supercomputadores fora do Ocidente, exatamente por causa de sua importância militar. Primeiro, Clinton redefiniu a categoria dos supercomputadores, unilateralmente elevando em mais de trinta vezes o teto permitido de capacidade de computadorização, e depois proclamou que os computadores redefinidos eram para uso "civil", com isso dando ao Departamento de Comércio autoridade para aprovar as vendas. A Secretária de Estado Madeleine Albright manteve essa ficção quando, no começo do verão de 1997, surgiram histórias de que supercomputadores norte-americanos teriam sido encontrados em instalações militares chinesas. Ela disse que estava confiante de que estavam sendo usados para fins civis, mas, como poderia ela saber? Mesmo os especialistas do Pentágono encarregados de monitorar essas exportações não sabiam que as licenças tinham sido emitidas até que um funcionário do Departamento de Comércio revelou o assunto em testemunho ante um comitê de investigação do Senado no final da primavera.

A questão de armar a China é fundamental para a nossa própria sobrevivência. O pior cenário possível para a sobrevivência norte-americana seria uma China hostil, com o maior exército do mundo, armada com os melhores armamentos que a *nossa* tecnologia consegue produzir. Graças a dois governos sucessivos, agora esse cenário é concebível. É difícil imaginar um exemplo mais dramático deste alerta de Maquiavel: uma liderança indolente e corrupta ameaça a própria existência da nação. Não é somente a "fibra moral" da nação que é ameaçada pela corrupção, como imaginam muitos moralistas, mas também sua capacidade de defender seus interesses no mundo todo e, no fim, sua própria sobrevivência.

É confortador acreditar, como fazem muitos, que a grande riqueza pode ser um substituto adequado para o poder militar. Quando a Guerra Fria terminou, proclamou-se por toda parte que os conflitos do futuro seriam comerciais, não militares, e que os vencedores das guerras do futuro seriam os ricos e não os poderosos. Os líderes maquiavélicos não aceitam essas crenças, pois aprenderam que "homens, aço, dinheiro e pão são os tendões da guerra; mas, desses quatro, os dois primeiros são mais importantes, porque homens e aço encontram ouro e pão, enquanto pão e ouro não encontram homens e aço".[17] Na verdade, ser fraco e rico é a pior de todas as situações, porque a riqueza atrairá a atenção daqueles que têm a vontade e o poder de tirá-la de nós. Roma, afinal de contas, foi conquistada pelos bárbaros.

---

17. *A arte da guerra*, 7.

CAPÍTULO QUATRO

Do Bem e do Mal

HAMLET: Alguma novidade?
ROSENCRANTZ: Nenhuma, meu senhor, exceto que o mundo tornou-se honesto.
HAMLET: Então o fim do mundo está próximo.

Não é um quadro bonito, é? Impelidos pela ambição e pelos desejos da carne, sem os limites de qualquer instinto político ou social, sem a orientação de uma mão oculta, nós, seres humanos, estendemos as garras para a riqueza e o poder. Uma vez vitoriosos, degeneramos, deixando nossas conquistas e aquisições abertas à dominação dos outros ou à desintegração causada pelo apodrecimento interior. Subindo ou descendo, a paixão humana facilmente sobrepuja a razão, fazendo homens e mulheres agirem como se fossem animais.

Se nos deixarem fazer o que quisermos, *não* recriaremos a *pólis* de Péricles; procriaremos a Libéria, o Zaire, a Bósnia e o Camboja, a Revolução Cultural, Auschwitz e o Arquipélago Gulag.

A pequena obra-prima de Federico Fellini, *Ensaio de Orquestra*, fala do instinto humano para a ruína, mesmo — ou especialmente — nas pessoas mais sensíveis e talentosas. No filme, o maestro convidado chega para um ensaio e encontra os músicos num terrível estado de ânimo. "Quem é ele para *nos* dizer como tocar?", perguntam. Já haviam tocado aquela peça mais de mil vezes! Se tivessem a liberdade de tocar como desejavam, em vez de tocar como o novo maestro exigia, a apresentação seria bem melhor. Acaso a arte não é amplificada pela liberdade criativa? O maestro autoritário não está matando a liberdade de expressão deles? Eles se rebelam contra o maestro, tirando-o do estrado. Independência, enfim! Mas quando voltam a ensaiar sozinhos, é o caos, e o caos logo degenera em vale-tudo. Músicos são feridos, instrumentos são destruídos. No fim, eles suplicam a volta do maestro. Dessa vez, ele conta o tempo em alemão e a orquestra o segue obediente. Assim como na fábula política de Maquiavel, a democracia degenera em anarquia, que abre a porta para a tirania.

Deixem-nos fazer o que quisermos e as portas do inferno se escancaram. Dêem-nos total liberdade e reproduziremos *O Senhor das Moscas*. Estamos "mais prontos para o mal do que para o bem". Portanto, *não* podemos ter a liberdade de fazer o que queremos. Precisamos ser forçados ou, nas circunstâncias ideais, convencidos ou inspirados a fazer o bem. Isso é possível (também vemos exemplos nos livros de História) e os resultados são espetaculares. Com a liderança adequada, podemos alcançar a glória. Mas a tarefa é árdua e infindável, pois precisamos superar nossos impulsos ruinosos e também frustrar aqueles que tentam nos dominar para satisfação própria. E já que faremos qualquer coisa para satisfazer nossos impulsos ruinosos, todo tipo de sujeira será necessário para nos manter sob controle e para derrotar nossos inimigos.

Aí é que está o problema: para lograr as mais nobres realizações, o líder talvez precise "entrar no mal". Foi essa idéia arrepiante que tornou Maquiavel tão temido, admirado e desafiador. É por isso que ainda somos atraídos para ele, passado meio milênio, como mariposas para a chama fatal. Nós somos podres, é verdade, mas podemos alcançar a grandeza se, e somente se, formos liderados adequadamente. Somos caçados pelos nossos semelhantes e, no entanto, com grandes líderes, triunfaremos. Mas aqueles que se propõem a nos liderar para a glória entrarão numa luta dos infernos, sem golpes proibidos.

Se você não está preparado para uma luta sem tréguas, não entre nesse jogo. "Os profetas que vêm armados têm sucesso, enquanto os profetas desarmados se arruínam."[1] A estrada para o inferno está cheia de cadáveres que tinham boas intenções; Maquiavel espera que seus líderes sejam sérios. Se você quer liderar, precisa demonstrar sua capacidade de governar o seu povo e derrotar os seus inimigos, e o único caminho é mostrando o seu próprio poder. Você "precisa pressupor que todos os homens são criminosos e que eles usarão a maldade que têm no espírito sempre que tiverem ocasião".[2] Qualquer sinal de fraqueza é um convite ao ataque. Quando perguntaram a Lyndon Johnson como pretendia vencer a luta pelos corações e mentes do Congresso num momento particularmente difícil, ele respondeu com uma deliciosa extravagância maquiavélica: "Se você puxar o sujeito pelo saco, o coração e a mente dele vêm junto."

Maquiavel viu em primeira mão a ruína do profeta desarmado: Girolamo Savonarola, um padre beneditino de moralismo causticante cuja severa piedade inspirava os florentinos, na última década do século XVI, a uma austeridade religiosa extraordinária e bastante atípica. Mães demitiam as amas-secas e davam de mamar aos filhos; fantasias e máscaras carnavalescas foram consideradas vaidades e, junto com livros e obras de arte ímpios, condenadas ao fogo. Os excessos papais e aristocráticos foram denunciados e apresentados como prova do fim iminente do mundo

---

1. *O Príncipe*, VI.
2. *Discursos*, I, 3.

material e da chegada do Dia do Juízo. Era crença comum que Savonarola conversava com Deus. Em 1498, quando Maquiavel estava para começar seu serviço à República, os florentinos se revoltaram e Savonarola foi torturado no cadafalso e, depois, queimado até a morte na Piazza della Signoria, onde uma simples placa de bronze ainda marca o local da fogueira.

Para Maquiavel, o exemplo favorito de profeta armado era Moisés, seu grande herói. Cumprindo a ordem de Deus, Moisés lidera os israelitas na fuga do Egito e através do deserto rumo à Terra Prometida. Ele os deixa por algum tempo para subir ao topo do Monte Sinai, onde recebe os sagrados mandamentos de Deus. Descendo a montanha, ele vê horrorizado a orgia idólatra em volta do bezerro de ouro. Moisés quebra as Tábuas e exige explicações de Aarão, seu irmão. Aarão lhe responde: "Não se inflame de ira o meu senhor. Tu bem sabes que este povo é inclinado ao mal." Hoje, estamos bem familiarizados com essa idéia. Vem então a parte que a maioria das pessoas esqueceu, ou nunca conheceu, mas que Maquiavel bem conhece e aprecia:

> Então Moisés postou-se à entrada do acampamento e bradou: "Quem estiver do lado do Senhor, que venha até mim!" E todos os filhos de Levi juntaram-se a ele. Ele lhes disse: "Assim diz o Senhor, o Deus de Israel: Que cada um de vós desembainhe a espada e circule por todo o acampamento, de porta em porta, matando os irmãos, os companheiros e os vizinhos." Os filhos de Levi agiram segundo as palavras de Moisés e, naquele dia, tombaram cerca de três mil homens.[3]

---

3. Êxodo 32:26-28.

Maquiavel observa: "Quem ler a Bíblia com sensibilidade, verá que Moisés foi forçado, para que suas leis e instituições sobrevivessem, a matar inúmeros homens."[4] Não há aqui nenhuma hipocrisia (apenas uma hipérbole); Maquiavel não pretende que os meios usados por Moisés fossem bons. Ele sabe que em algum lugar, nos fragmentos das Tábuas estilhaçadas, está escrito "Não matarás". Ele admite que os meios foram maus, mas insiste que seriam os únicos a funcionar *naquelas circunstâncias terríveis*. Se Moisés tivesse dito aos idólatras, "Vamos parar e pensar", ele teria fracassado. Em tais circunstâncias, fazer o bem equivale a garantir o triunfo do mal. Maquiavel expande o paradoxo do passado: assim como a busca da paz a qualquer preço é um convite à guerra e, pior ainda, à derrota e à dominação, também os bons atos às vezes ajudam o avanço do mal, pois há circunstâncias nas quais somente fazer o mal assegura a vitória de uma boa causa.

ENTRANDO NO MAL

Maquiavel costuma ser citado como defensor da idéia de que "os fins sempre justificam os meios", mas ele não acredita nisso. Muito pelo contrário. Ele simplesmente reconhece a realidade de que há momentos em que o líder precisa assumir uma terrível responsabilidade a serviço do bem comum.

Todos nós sabemos que isso é verdade. Vejamos a história de Henry Tandey, soldado da infantaria britânica no regimento do duque de Wellington, durante a Primeira Guerra Mundial. Em 28 de setembro de 1918, Tandey participou de um ataque contra as trincheiras alemãs perto da aldeia francesa de Marcoing. Os britânicos ganharam o dia e, à medida que avançavam, Tandey cautelosamen-

---

4. *Discursos*, III, 30.

te lançou um olhar ao fundo de uma trincheira. Viu um soldado inimigo, um cabo, caído no chão, ensangüentado. Teria sido fácil para Tandey liqüidar esse inimigo, como já matara tantos outros naquele dia; Tandey desempenhou um papel heróico na batalha, tanto que mais tarde foi condecorado com a Victoria Cross, a mais alta medalha de tempos de guerra, por sua grande coragem. Mas ele sentiu que era errado disparar contra um homem ferido e poupou a vida do cabo.

Em 1940, enquanto os aviões nazistas bombardeavam a cidade de Coventry, onde Tandey trabalhava como segurança na fábrica de automóveis Triumph, ele rangia os dentes. "Se eu soubesse no que aquele cabo ia se tornar! Sabe Deus como eu me odeio por ter poupado a vida dele." O cabo era Adolf Hitler. O gesto humanitário de Tandey acabou levando a morte a milhões de pessoas e, numa amarga ironia do destino militar, colocou sua própria vida à mercê do monstro cuja vida ele poderia ter tirado.

O assassinato é certamente mau; contudo, qualquer pessoa racional concordaria que a causa do bem teria feito um grande progresso se Henry Tandey tivesse matado o jovem Hitler naquela trincheira. A História contém uma infinidade de exemplos de boas ações que acabam promovendo a causa do mal. Quando Jimmy Carter era presidente, ele ficou tão abalado com os assassinatos que tinham sido cometidos por oficiais e agentes norte-americanos, que emitiu uma dura ordem executiva proibindo essa prática. A conseqüência imprevista desse ato foi favorecer as forças do mal, porque os agentes norte-americanos não puderam mais caçar os terroristas. Só restaram as opções de pedir aos governos estrangeiros que prendessem os elementos terroristas para eles (coisa muito improvável!) ou de lançar uma ação maciça contra alvos maiores (como uma base militar terrorista ou seus campos de treinamento), o que aumentava as probabilidades de matar civis inocentes. Em sua moralista tentativa de tornar menos prováveis os assassinatos, Carter tornou-os *mais* prováveis, tanto por parte dos inimigos quanto por parte dos norte-americanos.

Mentir é mau, porém o sucesso do desembarque na Normandia — o Dia-D — durante a Segunda Guerra Mundial dependeu em grande parte das falsas informações passadas aos nazistas para que estes esperassem a invasão numa outra data e em lugar diferente. Não se tratava de uma simples mentira; foi um logro imenso e que teve resultado magnífico. Mentir é essencial para a sobrevivência dos países e para o sucesso dos grandes empreendimentos, porque, se os seus inimigos puderem confiar em tudo o que você diz, você estará muito mais vulnerável. Como todas as empresas de sucesso, também os países praticam a estratégia de enganar uns aos outros, camuflando seus armamentos, ocultando seus planos e até mesmo mentindo aos seus aliados ou ao seu próprio povo para assegurar lealdade contínua e manter alto o moral.

Vale tudo na guerra... e no amor. Praticar o logro para realizar o desejo do seu coração não apenas é legítimo como também delicioso! Num de seus momentos mais iluminados, Maquiavel louva essa idéia em verso.

Tão suave é o logro
levado ao acalentado propósito imaginado,
que despoja o outro de esforço
e torna doce cada sabor amargo.
Ó remédio perfeito e raro,
tu mostras o caminho certo às almas errantes,
tu, com teu grande valor,
ao tornar abençoado o outro, tornas rico o Amor:
Tu conquistas, com teus santos conselhos,
as pedras, os venenos e os encantos.[5]

---

5. Maquiavel, *Clizia*, Ato 4. Traduzido [para o inglês] por Sebastian de Grazia, citado em de Grazia, *Machiavelli in Hell* (Nova York, 1984), p. 301.

O logro raramente é assim tão divertido e gratificante. Às vezes, você precisa até mesmo sacrificar o seu próprio povo para sustentar um logro necessário. Os britânicos decifraram o mais secreto código militar nazista e descobriram que os alemães planejavam bombardear a cidade de Coventry. Se Churchill tivesse providenciado a evacuação dos habitantes daquela cidade, os alemães deduziriam que suas comunicações não eram seguras e mudariam o código. Churchill, portanto, não deu nenhum passo especial para proteger os habitantes de Coventry, escondendo dos generais de Hitler toda a extensão de seu conhecimento do código à custa de vidas britânicas. Churchill compreendia que os grandes comandantes precisam ter um "elemento de trapaça, um toque original e sinistro, que deixa o inimigo perplexo e também derrotado".[6]

Os soviéticos eram mestres em sacrificar a vida de seu próprio povo para criar ou destacar uma estratégia de logro. Logo depois da Revolução [1917], os bolcheviques chegaram a criar uma falsa organização anti-soviética no Ocidente para atrair e identificar os verdadeiros anticomunistas. Para estabelecer a boa-fé dessa organização — conhecida como "Confiança" —, eles providenciaram atos de sabotagem contra alvos dentro da União Soviética, e até assassinatos. Os franceses e os britânicos se deixaram impressionar, especialmente porque eles próprios nunca tinham conseguido infiltrar seus agentes em posições-chave na ditadura de Lênin, e financiaram a Confiança. Pior ainda, puseram os líderes da Confiança em contato com organizações anti-soviéticas genuínas. Isso permitiu que o Kremlin ficasse conhecendo as intenções de seus inimigos e também que manipulasse os anticomunistas e, finalmente, os destruísse (uma das vítimas foi o famoso aventureiro britânico, "Reilly, o ás dos espiões"). Desse modo, o Kremlin ultrapassou a profecia de Lênin de que os capitalistas dariam a cor-

---

6. De Steven F. Hayward, *Churchill on Leadership* (Nova York, 1997), p. 153.

da com a qual ele os enforcaria. No caso, os capitalistas até pagaram pela corda.

O livro de bolso do soldado, escrito em fins do século XIX, continha excelentes conselhos maquiavélicos de seu autor, o general britânico Visconde Garnet Wolseley: "E nós continuamos insistindo na convicção de que a honestidade é a melhor política e de que a verdade sempre vence no longo prazo. Esses belos sentimentozinhos funcionam muito bem nos livros infantis, mas o homem que age com base neles faria melhor se embainhasse a espada para sempre."[7]

Aí está o xis da questão moral. Maquiavel concorda com aqueles que dizem que somente as situações extremas justificam medidas extremas, como o assassinato e a mentira, mas faz um alerta importante: se a situação exigir, você terá de fazer o que for preciso. Isso leva diretamente a uma idéia que De Grazia corretamente chamou de regra não-dourada de Maquiavel: "Faça aos outros aquilo que eles fariam a você." Se você está lidando com pessoas honradas, você também precisa ser honrado; mas se está combatendo inimigos implacáveis, você não pode ficar preso a regras que eles estão prontos a desprezar. Como Churchill acidamente observou durante a Segunda Guerra Mundial, seria loucura os líderes ocidentais se deixarem enfraquecer por uma observância estrita da letra da lei, enquanto os nazistas e os fascistas tentavam destruir a sociedade civilizada e impor uma ditadura racista.

Maquiavel sabe que é uma angústia terrível para o homem bom cometer atos maus, mesmo quando se trata de alcançar um resultado honroso; e tenta diminuir essa angústia assegurando aos líderes que, se agirem com eficácia, seu contato com o mal será temporário. Se você fizer a coisa do jeito certo, você não ficará eternamente maculado. Maquiavel escolhe as palavras com cuidado:

---

7. Tenente-general Sir Garnet J. Wolseley, *The Soldier's Pocket Book* (Londres, 1882), p. 162.

"entrar no mal". Uma vez cometido o ato sujo, você pode sair. Na verdade, você *deve* sair. Este é o teste básico para o líder que enfrenta a terrível escolha de entrar no mal ou manter-se no caminho reto e estreito: eu tornarei as coisas melhores ou piores? É errado comportar-se eticamente se você, ao fazê-lo, abre as portas a inimigos que destruirão toda possibilidade de um mundo ético; ou se você abre as comportas para aqueles que querem destruí-lo. Também é errado você se abster de atos maus se a sua inação produz um mal ainda maior. Considere o caso espetacular da Turquia no final da década de 1970, quando esse país foi inundado por uma onda terrorista sem precedentes. Estimou-se que, no auge daquela loucura, a cada dez minutos uma pessoa morria nas mãos dos terroristas. A frágil democracia multipartidária — nove governos minoritários tinham se sucedido em sete anos — não conseguiu lidar com o problema, e os militares tomaram o poder no outono de 1980. Nos dois anos seguintes, 43.000 pessoas foram presas sob a acusação de terrorismo e 734.000 armas foram confiscadas. A Turquia foi denunciada pela repressão impiedosa e pela violação dos direitos humanos; com o célebre filme de 1978, *O expresso da meia-noite*, o país tornou-se o símbolo da odiada ditadura militar.

Maquiavel diria que as ações más foram causadas por líderes indignos que permitiram que a situação escapasse de controle. Se tivessem agido com firmeza contra os terroristas antes que os assassinatos se tornassem o fardo diário dos cidadãos turcos, dezenas de milhares de vidas inocentes teriam sido salvas, a democracia teria sobrevivido e as ações más da Junta Militar não teriam sido necessárias.

> Um príncipe não deve se preocupar com a acusação de crueldade quando se trata de manter seus súditos unidos e leais; pois ele, com uns poucos exemplos de crueldade,

será mais compassivo do que aqueles que, por misericórdia excessiva, permitem a continuidade das desordens. Destas nascem os assassinatos e as pilhagens, que geralmente prejudicam a comunidade como um todo, enquanto as execuções ordenadas pelo príncipe prejudicam apenas certos indivíduos.[8]

Maquiavel aprovaria as ações da Junta Militar turca, porque sua disciplina drástica funcionou. O exército não só varreu o terrorismo como também supervisionou eleições livres no fim de 1983, e depois se recolheu aos quartéis, passando o país a Turgut Ozal, que se tornaria um dos maiores líderes da Turquia.

Os militares turcos cumpriram outra exigência maquiavélica para o envolvimento com o mal: as ações más devem limitar-se a enfrentar uma crise específica e nunca podem se transformar em parte integrante do governo ou do regime. Cada vez que as Forças Armadas turcas se sentiram obrigadas a intervir, elas o fizeram por breve período de tempo e se esforçaram em manter a palavra dada ao país, deixando o poder tão logo a crise estivesse superada. Os líderes militares turcos não devem ser confundidos com a maioria dos presidentes africanos, que se vêem como líderes perpétuos, nem com os cabeças das velhas ditaduras militares da América Latina. Esses tiranos nunca sonhariam em seguir o exemplo dos generais turcos, os quais insistem que a classe política cumpra suas obrigações e governe o país.

Maquiavel desprezaria o terror institucionalizado do moderno Estado totalitário. Na verdade, ele reserva parte de sua linguagem mais severa para os líderes que criam tiranias: "Vis e detestáveis são aqueles que destroem a religião, fraturam monarquias e repúblicas, aqueles inimigos da virtude, das letras e de todas as ou-

---

8. *O Príncipe*, 17.

tras artes que trazem honra e utilidade à humanidade."[9] Maquiavel quer líderes virtuosos que criem grandes empreendimentos, não usurpadores do poder que dominem os outros por prazer. Ele denuncia o cruel tirano Agátocles, da antiga Siracusa, que governou de 317 a.C. até sua morte em 289 a.c. Agátocles conquistou "um império, não a glória", diz Maquiavel, porque "não se pode chamar virtude matar os próprios cidadãos, trair os amigos, não ter fé, não ter misericórdia, não ter religião".[10] Agátocles foi um vencedor: conquistou a cidade com seu exército, baniu ou matou cerca de dez mil cidadãos para consolidar seu governo e estendeu seu poder até o ponto de se proclamar rei de toda a Sicília. Além disso, enriqueceu imensamente a nação e ordenou a construção de muitos elegantes edifícios públicos. Contudo, Maquiavel o denuncia porque Agátocles destruiu a república de Siracusa e sustentou sua tirania pessoal por meio do uso contínuo de medidas más. Ele não *saiu* do mal e, por isso, tornou-se um "inimigo da virtude".

Há várias circunstâncias nas quais é provável que os bons líderes se envolvam com o mal: sempre que a própria existência do país é ameaçada; quando o Estado acaba de ser criado ou uma mudança revolucionária está para ser realizada; quando se pretende eliminar uma tirania má; e quando a sociedade se corrompeu e precisa voltar ao caminho da virtude. Já vimos o primeiro caso (a guerra), e o tiranicídio fala por si mesmo. Salvar um Estado que tenha afundado na corrupção é o mais apaixonado interesse de Maquiavel — foi para isso que ele escreveu *O Príncipe* — e será o tema do último capítulo deste livro. A revolução merece um olhar imediato.

---

9. *Discursos*, I, 10.
10. *Discursos*, I, 26.

REVOLUÇÃO

Olhe para o mapa do mundo: as fronteiras nacionais não foram traçadas por homens pacíficos que levavam uma vida de contemplação espiritual. As fronteiras nacionais foram estabelecidas pela guerra, e o caráter nacional foi moldado pela luta, geralmente uma luta sangrenta. "Os Estados não são mantidos com um rosário na mão", como observou certa vez Cosimo de Médici. Moisés criou um novo país e uma nova religião, o que faz dele um dos líderes mais revolucionários de todos os tempos. Sua revolução não teria sucesso se ele, como desejava, liderasse apenas pelo exemplo. Moisés liderou os israelitas na fuga do cativeiro, guiou-os pelo deserto segundo a luz divina e os alimentou com o maná caído dos céus. Tudo em vão! No instante em que Moisés os deixou sozinhos, eles exigiram novos deuses para adorar. A execução dos pecadores foi necessária para confirmar a autoridade de Moisés. Seu apelo aos corações e às mentes não foi suficiente. Maquiavel poderia ter usado o exemplo de Maomé, que também fundou um país e uma religião. O fundador do Islã compreendeu igualmente bem o que precisava ser feito e apoiou sua visão religiosa com a força das armas.

Todos os revolucionários sérios percebem que o poder precisa ser exercido eficazmente, e às vezes implacavelmente, para que a revolução tenha êxito, porque é inevitável que toda revolução atraia mais oponentes do que partidários. Mudar a natureza mesma do Estado, alerta Maquiavel, é a mais perigosa das tarefas políticas, e a menos provável de ter sucesso, porque todos os que se beneficiavam da velha ordem ficarão contra você e lutarão para recuperar os antigos privilégios. Aqueles que teriam a ganhar com o resultado das ações que você praticar inicialmente serão apenas partidários mornos, porque os homens "não têm fé nas coisas novas até verem nascer delas um resultado firme".[11] Eles só acreditarão em você e se tornarão seus partidários, se virem que você é eficaz. Voltamos a François Mitterrand e a Vince Lombardi: vencer é tudo.

Durante sua malfadada campanha para mudar o sistema de saúde pública dos Estados Unidos nos dois primeiros anos de seu governo, Bill Clinton citou repetidas vezes as observações de Maquiavel sobre a revolução para explicar a dificuldade de seus esforços e a intensidade da oposição. Mas Clinton errou o alvo: reformar sistemas de saúde não faz uma revolução. Maquiavel está falando de uma mudança na ordem básica do Estado, uma revolução fundamental. Quanto às reformas do tipo que Clinton defendia, Maquiavel reconhece que a maioria das pessoas aceita bem a inovação e se concentrará em volta dos líderes que aparentem ser audazes. À luz de Maquiavel, Clinton tinha todas as vantagens, pelo menos de entrada. A observação mais apropriada de Maquiavel era exatamente aquela que Clinton não estava disposto a citar: "Que os príncipes não se queixem dos erros cometidos pelo povo sujeito à sua autoridade, pois esses erros resultam inteiramente da negligência e mau exemplo dos próprios príncipes."[12]

Nada é mais patético do que os chamados revolucionários que fogem das exigências de sua missão. A Revolução Russa foi deflagrada por Alexandr Kerensky, um homem decente e racional que se orgulhava de manter altos padrões éticos. Kerensky substituiu o czar, mas não era páreo para os implacáveis bolcheviques, que levavam a revolução mais a sério.

> Lênin via a política como uma guerra. (...) Os outros não entendiam essa máxima tão ao pé da letra quanto Lênin. Enquanto eles viam a política como um simples conflito,

---
11. *O Príncipe*, 6.
12. *Discursos*, III, 28.

Lênin era o único dentre eles que percebia o propósito da política de conquistar o poder e aniquilar todos os rivais. Por aniquilação, Lênin não entendia a mera eliminação dos rivais enquanto concorrentes, mas seu extermínio físico.[13]

Lênin também eliminou a família real, seguindo esta máxima maquiavélica: quando você toma um Estado governado por um único dirigente ou uma só família, você deve apagar do mapa toda a linhagem, de modo que não sobre ninguém para reivindicar a legitimidade do regime derrubado. Se sobrar alguém vivo, há o grave risco de que ele arregimente o povo contra você e recupere o poder. Depois que a Revolução Francesa chegou ao fim, a monarquia dos Bourbon foi restaurada. Na Rússia, os leninistas não correram esse risco, porque nenhum Romanov sobreviveu.

O mesmo princípio geral se aplica às democracias ocidentais, mas a nossa matança política é simbólica na maioria dos casos (embora países como a Itália tenham de enfrentar rotineiramente o assassinato político, e os presidentes norte-americanos sirvam às vezes de alvo). Os Estados governados por um partido político — o equivalente democrático da família governante — passam pelo mesmo tipo de expurgo depois de cada eleição. Se o partido no poder [a situação] é derrotado, o novo partido governante afasta a velha guarda e instala o seu próprio pessoal nas posições de poder. Nos Estados Unidos, um novo presidente expurga milhares de "nomeados políticos" do governo anterior e os substitui pelos seus seguidores. Caem sob controle político não só os secretários de gabinete, mas também os sub-secretários, os secretários-assistentes, os sub-secretários-assistentes e até mesmo, na era Clinton, a equipe do Escritório de Viagens da Casa Branca, que ele expurgou, e

---

13. Richard Pipes, *Three "Whys" of the Russian Revolution* (Nova York, 1997), p. 40.

todos os procuradores-gerais, que ele demitiu *en bloc* tão logo assumiu o cargo. Todos trabalham "ao bel-prazer do presidente". A antiga "família real" foi (politicamente) apagada. E o mesmo ocorre no mundo dos negócios, onde um novo CEO [*chief executive officer*] tem imensa liberdade de ação para selecionar sua equipe, e também no mundo dos esportes, onde um novo técnico geralmente traz seus próprios assistentes e, com freqüência, faz mudanças drásticas no time. Leo Durocher, inflexível e muito bem-sucedido líder de homens no campo de beisebol, comentou com toda a franqueza: "Cara bom dura até o fim."

Maquiavel não está dizendo para você *ser* mau; ele está simplesmente afirmando os fatos: se você lidera, haverá ocasiões em que você terá de fazer coisas desagradáveis, ou mesmo más, para não ser destruído. Se você tiver sorte, essas ocasiões serão poucas e bem espaçadas; um líder que nunca precisou fazer essas coisas é realmente afortunado. Quanto ao resto, Maquiavel quer que você seja bom e faça o bem, pois ele está convencido de que a missão apropriada dos grandes líderes é alcançar o bem *comum*, moldar boas leis e fazê-las vigorar com bons exércitos e boa religião. Ele quer que você alcance a glória e a bondade para todo o seu povo e, portanto, para você mesmo. Somente esse tipo de realização é digno das energias e paixões de grandes homens e mulheres.

A BOA SOCIEDADE

Obviamente, esse imperativo de se empenhar pelo bem comum não provém do instinto humano; nossos instintos não são tão nobres assim, nem de longe. A meta de alcançar o bem comum provém da autoridade mais alta: o próprio Deus. O ato "mais agradável aos olhos de Deus" é aquele que beneficia o país da pessoa, e Maquiavel é bastante sincero quanto à melhor forma de governo.

Apesar de sua má fama como tutor de ditadores, Maquiavel prefere as repúblicas e por motivos que hoje conseguimos compreender: um único governante tem mais chances de ser corrompido pela riqueza e pelo poder do que o povo, que tem menos riqueza e menos poder; um único governante terá mais chances de defender seus próprios interesses do que os interesses de todo o Estado. Houve alguns grandes líderes isolados, e há momentos e lugares em que um único líder consegue levar o povo à grandeza, mas esse é um empreendimento arriscado, porque a pior forma de governo é a tirania. Maquiavel pede abertamente a derrubada dos tiranos e, no mais longo capítulo dos *Discursos*, dedica-se a explicar como se organiza uma conspiração bem-sucedida.

Maquiavel sente desprezo por aqueles que caluniam o povo, porque acredita que o povo provavelmente toma melhores decisões do que um governante isolado. "Esse bem comum", escreve ele nos *Discursos*, "é observado apenas e tão-somente numa república. (...) Não surpreende, portanto, que os povos antigos perseguissem os tiranos com tanto ódio e amassem a maneira livre de viver." Ele vai ainda mais longe: embora a criação de um bom Estado dependa de um grande líder ou de um punhado de grandes líderes, "o povo é superior no que se refere à manutenção das instituições, leis e práticas, o que certamente coloca o povo no mesmo nível daqueles que as estabeleceram".[14] Isso é dito num capítulo indelicadamente intitulado "O povo é mais sábio do que o príncipe". Na verdade, numa república, "o povo é o príncipe". E Maquiavel louva a livre empresa, a propriedade privada e a taxação mínima:

> Todas as terras e todos os países que são livres em todos os aspectos (...) obtêm o maior lucro. Pois ali vemos po-

---
14. *Discursos*, I, 58.

pulações maiores, porque os casamentos são mais livres e mais desejados pelos homens: cada um procria deliberadamente os filhos que acredita poder sustentar, sem temer que seu patrimônio lhe seja tirado, e sabe que seus filhos não só nascerão livres, e não escravos, mas que, por sua virtude, poderão tornar-se príncipes. Ali, as riquezas se multiplicam em maior número.[15]

O melhor Estado é uma "meritocracia" [*os filhos (...) que por sua virtude poderão tornar-se príncipes*] na qual o maior número possível de pessoas terá máxima liberdade e poder, pois "não é sem uma boa razão que se diz que 'a voz do povo é a voz de Deus'".

Além disso, o povo oferece menor perigo para o bem comum do que um mau líder, pois um líder isolado é freqüentemente "mal orientado por suas próprias paixões, que são bem maiores que as do povo". E os erros do povo são mais fáceis de corrigir do que os erros do governante:

> Um povo desregrado e rebelde poderá ser facilmente trazido de volta à boa conduta pela influência e persuasão de um homem bom; mas um príncipe perverso não é receptivo a essas influências e, portanto, não existe outro remédio contra ele a não ser o aço frio da espada.[16]

A idéia maquiavélica do bom Estado nos relembra *The Federalist Paper*, quando ele escreve: "Sempre que se combinam sob uma mesma Constituição um príncipe, uma nobreza e o poder do povo, então esses três poderes se vigiarão mutuamente e se man-

---
15. *Discursos*, II, 2.
16. *Discursos*, I, 58.

terão reciprocamente sob controle."[17] Essas palavras antecipam Madison e Hamilton (que conheciam as obras de Maquiavel) e Maquiavel certamente sabia que Esparta, que tinha uma Constituição mista, durou oitocentos anos, um recorde.

Na verdade, há muito em Maquiavel que relembra os "pais fundadores" dos Estados Unidos, pois muito nele soa como o puritanismo das colônias norte-americanas. Assim como aqueles homens que redigiram a Constituição da Independência, também Maquiavel acredita na regra da lei. "Todo aquele que não for controlado por leis cometerá os mesmos erros de uma multidão desgovernada",[18] diz Maquiavel com a mesma severidade de Hamilton ou Franklin. Tal como os puritanos, ele despreza a preguiça e a autocomplacência e receia a força corruptora da riqueza. Maquiavel acredita que o trabalho duro torna os homens virtuosos e, embora ele próprio não freqüente a igreja com regularidade, ele sabe que um bom Estado precisa se basear num alicerce religioso. Para permanecer bom, um Estado precisa "acima de tudo manter incorruptas as cerimônias da sua religião e conservá-las sempre em veneração, porque não existe maior indicador do naufrágio de um país do que ver escarnecido o culto divino".[19]

Ele tem palavras amargas contra as classes proprietárias, os ricos e indolentes que vivem no luxo gerado pelos rendimentos das terras que herdaram, em vez de criarem nova riqueza por meio do trabalho duro e do empreendimento. O lema de Maquiavel para uma sociedade republicana de sucesso é "Cidadãos pobres, Estado rico". A riqueza criada pelos cidadãos mais bem-sucedidos deveria reverter ao bem comum. Também isso é parte de uma antiga tradição norte-americana, mesmo entre os milionários. "Um homem que morre rico (...) morre desgraçado", escreveu o milionário fi-

---

17. *Discursos*, I, 2.
18. *Discursos*, I, 58.
19. *Discursos*, I, 12.

lantropo Andrew Carnegie e alertou: legar riqueza a uma criança esvazia a sua ambição e subverte o seu caráter. Cada geração deveria demonstrar o seu valor por meio de seus próprios esforços.

Maquiavel teme os conflitos que derivam da distribuição de riquezas radicalmente desigual, não porque espera que os pobres, impelidos pela inveja, se ergam contra os ricos, mas porque ele sabe que os ricos — diferentemente dos indolentes proprietários de terras — nunca ficarão satisfeitos com o que têm e sempre buscarão mais. E já que os ricos, em sua busca por mais e mais, têm maior capacidade de despedaçar a sociedade, eles freqüentemente ultrapassam as fronteiras da ação aceitável. É esse "comportamento inadmissível e ambicioso" que impele os pobres à revolta, tanto para "se vingarem dos ricos, despojando-os, quanto para conseguirem ter acesso àquelas riquezas e honrarias que vêem ser mal utilizadas". Se os ricos ficassem satisfeitos com suas riquezas e não quisessem mais, se eles trabalhassem virtuosamente pelo bem comum, então a distribuição desigual da riqueza não seria tão explosiva em termos sociais e políticos. Mas os ricos não conseguem agir assim; eles nunca cessam seus esforços de engrandecimento. Maquiavel conclui que uma distribuição razoavelmente igualitária da riqueza é necessária para o sucesso de uma república; enquanto que, numa sociedade com profundas divisões de classe, o mais provável é a existência duradoura do governo de uma elite ou de um dirigente isolado.

O maior obstáculo para a criação e sobrevivência de um bom Estado é o próprio homem. Como sempre estamos buscando mais, relutamos em colocar nossas riquezas a serviço dos outros e, muito menos, do bem comum. Só faremos isso se formos obrigados, ou inspirados. Essa é a missão do governo. Maquiavel prefere as repúblicas, mas o bom governo também pode ser realizado por dirigentes isolados e por oligarquias, desde que os líderes sejam bons e compreendam como governar de modo eficaz. A fórmula vencedora tem três facetas: boas leis, bons exércitos, boa religião. Estamos de volta a Moisés.

CAPÍTULO CINCO

COMO GOVERNAR

Sabes que o principal dever de todo Príncipe é evitar ser odiado e desprezado. (...) Sempre que ele o consegue, tudo vai bem.

Qualquer Estado, qualquer organização, mesmo os mais livres e democráticos, exigem uma forte liderança, porque somente esses líderes conseguem refrear os impulsos ruinosos que impelem as ações humanas e forçar os homens a agirem pelo bem comum. É preciso que *não* nos deixem seguir nossos impulsos ruinosos; em vez disso, precisamos ser levados a fazer a coisa certa. "Os homens só agem bem quando obrigados pela necessidade; mas quando eles têm escolhas numerosas e quando podem se tornar desregrados, tudo imediatamente se enche de confusão e desordem."[1]

O costumeiro paradoxo maquiavélico: a compulsão — ou necessidade, como ele a chama — enobrece os homens e permite que eles permaneçam livres, enquanto a escolha abundante é perigosa, leva ao caos e deixa os homens à mercê de seus inimigos. Os generais, os empresários e os técnicos esportivos conhecem bem esse paradoxo, mas os líderes políticos e os jornalistas freqüentemente

---
1. *Discursos*, I, 3.

o esquecem. Eles se deixam levar pelas exigências de liberdade absoluta, esquecendo que a liberdade produz anarquia se não for temperada por aquele bem-definido senso de responsabilidade que provém das boas leis e da boa religião. Não é o "espírito livre" que mostra a maior coragem, mas sim o combatente disciplinado que aprende a superar seus medos e arrisca a vida pelo bem comum. Como disse o general George Patton, cujos atos brilhantes durante a Segunda Guerra Mundial fizeram dele um dos grandes comandantes militares norte-americanos:

> Todos os seres humanos têm uma resistência inata à obediência. A disciplina remove essa resistência e, pela repetição constante, torna a obediência habitual e subconsciente. (...) Nenhum homem sensato é destemido na batalha, mas a disciplina produz nele uma forma de coragem indireta que, com sua virilidade, conduz à vitória.[2]

A disciplina também é necessária para refrear a histeria de massa. As pessoas são facilmente manipuladas por demagogos e a voz da razão é facilmente encoberta pela raiva ou paixão coletivas, mesmo quando está em jogo a sobrevivência do país. Até mesmo os europeus e canadenses de hoje, que deveriam ter aprendido que o nacionalismo étnico geralmente leva à catástrofe, estão cercados por movimentos separatistas liderados por figuras carismáticas. Desde os bascos da Espanha até os walloons da Bélgica, os sérvios, os croatas, os bósnios, os québecois do Canadá, os italianos do norte e os norte-irlandeses, grandes massas de pessoas são impelidas pelos gritos de vingança por antigas ofensas, reais ou imaginárias.

O maior exemplo do tipo de histeria destrutiva que Maquiavel tem em mente é o terrorismo moderno. A história espetacular

---

2. George S. Patton Jr., *War As I Knew It* (Boston, 1947), p. 336.

dos tupamaros uruguaios na década de 1960 ilustra o fenômeno que Maquiavel discute num capítulo dos *Discursos* intitulado "Os povos freqüentemente buscam a própria ruína". Walter Laqueur, historiador contemporâneo, descreve os terroristas uruguaios:

Eles não se entregavam a assassinatos indiscriminados; eles choravam quando matavam (mas matavam). Eram idealistas genuínos. (...) Suas atividades tiveram sucesso de início, provando que o governo civil poderia ser destruído com facilidade e fornecendo notáveis manchetes para a imprensa do mundo todo. Mas, em última análise, o único resultado da campanha dos tupamaros foi a destruição da liberdade num país que, caso único na América Latina, conservava uma sólida tradição democrática de muitas décadas e que tinha sido o primeiro Estado latino-americano a promover o bem-estar social. (...) A campanha dos tupamaros resultou no surgimento de uma ditadura militar de direita; ao destruir o sistema democrático, os tupamaros também destruíram o seu próprio movimento.[3]

O Uruguai levou vinte anos para voltar à democracia.

As ferramentas da disciplina — exércitos, leis e religião — são comuns a todos os Estados bem constituídos e, se alguma dessas três ferramentas estiver ausente ou enfraquecida, então a sobrevivência do Estado se verá mortalmente ameaçada. A missão básica do líder, portanto, é manter esses três elementos cruciais da estadística e periodicamente renová-los, rejuvenescê-los e revigorá-los. Todas as três ferramentas forçam os homens a reprimir seus instintos perigosos e a agir virtuosamente. Essa tarefa é consegui-

---

3. Walter Laqueur, *Terrorism* (Nova York, 1978), p. 146.

da pelo medo. Sem o temor a Deus, nenhum Estado durará muito tempo, pois o medo da danação eterna mantém os homens na linha, os faz honrar suas promessas e os inspira a arriscar a vida pelo bem comum: "Como poderão aqueles que zombam de Deus respeitar os homens?"[4] Sem o medo da punição, os homens nunca obedecerão a leis que os forcem a agir de modo contrário às suas paixões. Se não houver o medo das armas, o Estado nunca fará vigorar as leis nem se defenderá de seus inimigos.

Para esse fim, Maquiavel quer líderes que tornem o Estado espetacular. Recompensas e punições devem causar uma forte impressão nos cidadãos. Maquiavel insiste que não se deve mostrar nenhuma misericórdia para fazer vigorar a lei, mesmo quando se trata daqueles que ganharam a gratidão do país por seus atos passados. Além disso, a lei não deveria meramente entrar em vigor; ela deveria ganhar grandeza. As punições, incluindo as execuções, deveriam ser públicas, para que o efeito do medo fosse amplificado. A religião não deveria ser meramente observada; ela deveria ser celebrada. Se possível, as leis e a religião deveriam ser trazidas à vida por heróis, cujo comportamento é "de tal reputação e de tal exemplo, que os homens bons desejam imitar e os maus se envergonham de levar uma vida contrária a eles".[5] Se a cenografia é bem-sucedida, o líder terá menos trabalho para manter a ordem.

Para falar a verdade, nem todas as leis e religiões são boas. Em particular, o cristianismo que Maquiavel vê agindo à sua volta — a mesma Igreja Católica Romana que logo levaria Martinho Lutero à oposição declarada — corrompeu o ideal heróico. O cristianismo "glorifica mais os [homens] humildes e contemplativos que os homens de ação" e constantemente afasta nossa atenção e nossas energias das tarefas terrenas à mão. O cristianismo louva a hu-

---
4. *A arte da guerra*, 7.
5. *Discursos*, III, 1.

mildade e desdenha "a honraria do mundo", enquanto as religiões mais viris da antigüidade "somente louvavam homens cheios da glória terrena". Maquiavel lamenta que, ao focalizarmos nossos olhos no céu e nos tornarmos "mais dispostos a tolerar ofensas do que a vingá-las", nós nos transformamos em presa fácil dos inimigos perversos. O triunfo da virtude é adiado para a outra vida, além do aqui e agora; dos homens exige-se que aceitem o seu destino, por maior que seja o seu sofrimento e miséria. Até mesmo a derrota e a submissão podem ser toleradas, porque a vitória última espera no pós-morte.

Maquiavel insiste que esse é um trágico equívoco, e a história do cristianismo certamente oferece exemplos abundantes de leituras mais agressivas do Novo Testamento. Maquiavel culpa por esse erro "a baixeza dos homens que interpretaram nossa religião segundo os anseios da indolência e não segundo os da virtude". Sua própria leitura é bem diferente. Já que o cristianismo nos permite defender o nosso país, segue-se que a defesa da pátria é uma profissão realmente digna. Maquiavel é intensamente patriótico e não tem dúvida de que Deus o aprova. "Acredito", afirma ele com fervor, "que o maior bem que uma pessoa pode fazer, e o mais grato aos olhos de Deus, é aquele que ela faz pelo seu país."[6] Já que é o maior bem, a defesa do país é uma daquelas situações extremas em que um líder estará justificado se cometer o mal. Se o país de uma pessoa está ameaçado, insiste Maquiavel, "não cabem quaisquer considerações sobre justo ou injusto, generoso ou cruel, digno ou ignominioso".[7] Mas você não defende seu país com padres e mártires armados apenas com suas preces e cantos litúrgicos; por isso, o tipo de cristianismo buscado por Maquiavel reviverá antigas tradições que sustentavam que o bem supremo seria encontrado "na

---

6. "Discursus florentinarum rerum post mortem junioris Laurentii Medices."
7. *Discursos*, III, 51.

grandeza do espírito, na força do corpo e em todas aquelas qualidades que tornam formidáveis os homens".[8] É difícil dominar os países liderados por esse tipo de homens. A boa religião ensina aos homens que a política é o empreendimento mais importante aos olhos de Deus. Assim como Moisés, Maquiavel quer que a lei de seu Estado seja vista, e portanto obedecida, como uma ordem de origem divina. A combinação de temor a Deus e medo da punição — devidamente aplicada com bons exércitos — proporciona a disciplina necessária para o bom governo. O caso extremo é a guerra, quando homens são chamados a se sacrificar, a morrer se for preciso, pelo bem do Estado. Morrer pela pátria não é um fenômeno natural. Os exércitos modernos, formados pelas massas, precisam ser inspirados, motivados, doutrinados. A religião é fundamental para o empreendimento militar, pois é mais provável que os homens arrisquem a vida se acreditarem que terão a recompensa eterna depois de servirem à pátria, ao mesmo tempo em que acreditam que serão condenados ao fogo do inferno por toda a eternidade se traírem seu país. Gustavo Adolfo, grande rei sueco e comandante militar do século XVII, assim entendia esse princípio:

> Gustavo Adolfo compreendia plenamente a força aglutinante e impulsora da religião. (...) Ele introduziu preces matinais e vespertinas regulares e distribuiu pelo exército uma edição do Livro de Orações especial para soldados; a visão de generais e recrutas ajoelhados lado a lado, rezando, deixava uma impressão indelével. (...) Nos "Artigos da Guerra", que ele escreveu de próprio punho (...) entre as ofensas puníveis com a morte estavam o saque,

---

8. *Discursos*, II, 2.

a violência contra as mulheres e (...) o "desprezo pelo serviço divino, a terceira ofensa".[9]

O medo amplifica a disciplina, assim como faz a afeição. O povo deve temer seus líderes, mas deve também acreditar na bondade de seus líderes. A palavra-chave aqui é "acreditar"; Maquiavel sabe que você não *será* sempre bom, mas geralmente você precisa tentar *ser visto* como bom. O primeiro princípio da boa estadística é ganhar o apoio popular e, embora seja particularmente importante numa república — "Sem satisfazer a generalidade dos homens, ninguém jamais constituiu uma república estável" —, essa regra se aplica a todas as formas de liderança. Na verdade, mesmo em *O Príncipe*, que foi escrito numa época de crise terrível, quando Maquiavel acreditava que somente um ditador poderia salvar seu país (estando, portanto, intitulado a "entrar no mal"), ele dedica um espaço considerável às qualidades que um governante isolado deve ter, ou pelo menos aparentar ter: misericórdia, compaixão, fé religiosa e integridade. Maquiavel é o primeiro formador de imagem. Ele sabe que a força bruta não é suficiente; as pessoas também precisam ser arrebatadas.

Maquiavel descreve essa exigência dupla de poder e encanto, coragem e esperteza, dizendo que os líderes precisam imitar as qualidades do leão e da raposa. A raposa é esperta e encantadora, mas não é forte o bastante para se defender; o leão, por sua vez, consegue vencer qualquer luta, mas não é esperto o bastante para evitar as armadilhas montadas pelos seus inimigos. Seguir o modelo de um desses animais, excluindo o outro, seria fatal.

Nenhum líder contemporâneo acharia estranho se lhe dissessem para cuidar constantemente da sua imagem. Sabemos como as pessoas são volúveis. A Ingratidão, observa Maquiavel num poe-

---
9. B.H. Liddell Hart, *Great Captains Unveiled* (Londres, 1989), p. 110.

ma, é a filha do Despeito e da Suspeita, amamentada no seio da Inveja, e tem sido parte essencial da natureza humana desde que os ingratos Adão e Eva comeram a maçã e deixaram o Éden. As pessoas não se lembrarão de você pelos serviços que você prestou no passado; você tem de ficar alerta para as mudanças no estado de ânimo delas.

Isso não quer dizer, porém, que Maquiavel aprova o tipo de político contemporâneo que acompanha diariamente as pesquisas de opinião pública e se conduz em conformidade com elas. Os políticos modernos se preocupam tanto com a imagem, que às vezes ficamos pensando se existe algum propósito sério, ou se tudo não passa de uma infindável campanha de amplificação da imagem. As pessoas talvez acabem por ver esse comportamento como um sinal de fraqueza; daí nasce o desprezo, que provavelmente será fatal.

Há uma outra razão para você evitar ser governado pelas pesquisas de opinião e que está em conformidade com a compreensão maquiavélica da natureza humana: as qualidades que as pessoas *dizem* apreciar num líder não são necessariamente as qualidades que elas de fato apreciarão. Tomemos, por exemplo, a qualidade da generosidade. O que é melhor para um líder, ser considerado generoso ou pão-duro? É melhor ter um governo que se desdobra para atender as necessidades e desejos materiais das massas, ou um governo que distribui migalha por migalha o dinheiro do Tesouro? A resposta é: tudo depende. Se você for consistentemente pão-duro, as pessoas talvez resmunguem, mas isso não é sério a ponto de lhe custar o cargo. Se você basear sua reputação na generosidade, tornar-se-á presa fácil da insaciabilidade do desejo humano. No instante em que o povo decidir que você é generoso, exigirá de você que se mostre cada vez mais munificente e, cedo ou tarde, seu dinheiro acabará. Aí você terá de aumentar os impostos para manter o nível de gastos ou terá de dar menos ao povo. Isso provoca o maior de todos os riscos para um líder: o povo odiará você, seja por tirar o dinheiro deles via impostos, seja por ter se tornado um pão-duro. É melhor ser pão-duro já desde o começo; assim, você não põe em risco a sua autoridade.

Os políticos que hoje lutam para reformar o Estado do bem-estar social são testemunhas da excelência das análises de Maquiavel, pois eles se debatem entre a frigideira e o fogo: a frigideira dos gastos ruinosamente generosos (férias longas, salários liberais, planos universais de saúde, creches, licenças-maternidade e pensões opulentas) e o fogo dos impostos cada vez mais odiados. Sua sobrevivência no cargo está ameaçada, qualquer que seja o caminho que eles tomem. Um líder forte explicaria a situação real, anunciaria que os anos das vacas gordas acabaram, pelo menos por algum tempo, e prometeria dividir o fardo igualmente entre todo mundo. O bom líder pagaria de uma só vez o preço político, tanto por saber que as políticas adotadas representam os melhores interesses do Estado, quanto porque — se for capaz de convencer o povo a manter o curso — ele mais tarde levará o crédito de ter salvo a economia nacional e restaurado a virtude nas finanças públicas. Maquiavel observa que, assim como as ações cruéis devem ser realizadas de um só golpe, também os passos impopulares devem ser dados rapidamente, em vez de ficarem se arrastando ao longo do tempo. Medidas para evitar a guerra a todo custo são um convite a conseqüências ainda piores; e esforços para mitigar a dor das políticas públicas geralmente acabam levando maior dor para um número maior de pessoas.

Maquiavel insiste que os líderes vejam as conseqüências políticas das suas ações, em vez de ponderar as questões abstratamente. Acompanhe a trajetória da bola! Você terá de decretar ações impopulares, mas também terá a chance de fazer algumas coisas muito populares. Num caso ou noutro, não se deixe enganar pela reação instantânea das pessoas, porque um exame atento mostrará ao líder sábio que "algo que parece ser uma virtude, se perseguido, acabará me destruindo; enquanto alguma outra coisa, que parece ser perversa, se perseguida, resultará na minha segurança e bem-estar".[10] As coisas raramente são o que parecem ser e você não deve deixar-se enganar pelas aparências; você deve, às vezes, usar as aparências — sobretudo as suas próprias — para convencer os outros de que você é o que eles querem que você seja, mesmo quando você não o é.

É MELHOR SER AMADO OU SER TEMIDO?

Numa de suas passagens mais famosas, Maquiavel propõe a questão essencial sobre o relacionamento entre os líderes e os liderados: É mais eficaz fazer vigorar a disciplina pela aplicação rigorosa das leis e exercendo sem hesitação o poder (o que torna você mais temido do que amado), ou ganhar o afeto de seus seguidores pela força do exemplo virtuoso (o que torna você mais amado do que temido)? Maquiavel se apressa em dizer qual a melhor opção: ser amado e também temido, escolhendo um ou outro estilo de acordo com as circunstâncias. Os líderes deveriam usar tanto as cenouras quanto os bastões, distribuindo recompensas quando estas forem merecidas e punindo os malfeitores quando necessário. Mas é demais pedir que caminhemos nessa frágil corda-bamba; "Nossa natureza não o permite".[11] A menos que você tenha muita sorte — a menos que tenha herdado uma empresa bem-organizada e com bom pessoal —, você terá de escolher.

Você precisa ter o apoio do povo, mas o povo é volúvel e se volta contra você no momento em que você fracassa. Basear o seu governo somente, ou basicamente, no afeto do povo por você é tão

---
10. *O Príncipe*, 15.
11. *Discursos*, III, 22.

arriscado quanto basear a sua imagem na generosidade, e exatamente pela mesma razão. Se você prosperar e vencer, eles o aclamarão; mas se você perder, eles o atacarão. Qual é o método mais seguro? Você pode com certeza liderar efetivamente ganhando o afeto do povo. Maquiavel sabe que mesmo um comandante militar pode governar pela força do seu exemplo virtuoso; a afeição pode ser tão poderosa quanto o medo. Foi uma autoridade com o peso de Plutarco que escreveu: "O maior talento de um general é garantir a obediência por meio da afeição que ele inspira." A história norte-americana está repleta de exemplos desse princípio, começando com George Washington. Durante os estágios finais da Revolução [das 12 Colônias contra a Inglaterra], alguns soldados americanos se enfureceram com o constante atraso do soldo e a aparente falta de consideração do Congresso Continental. Em Newburgh, Estado de Nova York, Washington dirigiu-se às tropas numa tentativa de acalmá-las. Num dos seus discursos mais tocantes, ele implorou que os homens ignorassem os apelos aos protestos em massa, esperando que "vós, pela dignidade da vossa conduta, permitireis que a posteridade diga, quando falar do glorioso exemplo que exibistes para a humanidade, 'Não houvesse este dia existido, o mundo nunca teria visto a último estágio da perfeição que a natureza humana é capaz de alcançar'". Ele então começou a ler uma carta enviada por um membro do Congresso, mas a caligrafia do missivista era muito difícil de ser decifrada. Washington, homem vaidoso, não costumava usar óculos em público, mas dessa vez não havia alternativa. Enquanto punha os óculos, desajeitado, ele declarou às tropas com voz entristecida, "Senhores, deveis me perdoar. Meus cabelos encaneceram ao vosso serviço e agora percebo que também meus olhos enfraqueceram".[12] Ele ganhou o dia, e o

---

12. Douglas Southall Freeman, *George Washington* (Nova York, 1952), p. 435.

episódio de Newburgh tornou-se um capítulo importante da biografia do "Pai da Pátria".

A coisa funciona — Robert E. Lee tinha um relacionamento semelhante com seus soldados — e isso certamente é melhor do que dar um amor intransigente. Quem não prefere ser amado a ser temido? Mas há problemas. O principal problema é que isso torna você *pessoalmente* o foco, ou mesmo o símbolo do governo. Se você busca constantemente ser amado pelo povo e se torna o símbolo da nação ou da empresa, então você será incapaz de evitar a ira popular quando as coisas derem errado, como bem descobriu Moisés no deserto ao pé do monte Sinai. O líder que aplica rigidamente a lei, por outro lado, está protegido do ódio popular porque ele apenas "está seguindo o livro". Se o povo é infeliz, suas queixas se dirigirão basicamente às leis; você não é o culpado. Você não quer ser visto como a pessoa responsável por todos os atos da empresa. Você quer o crédito pelas boas notícias, mas quer que outros levem a culpa das más notícias.

O segundo problema é que governar pelo amor tira a iniciativa das suas mãos e as transfere para os outros. "Os homens amam conforme a sua vontade e temem conforme a vontade do príncipe", recorda-nos Maquiavel, e nós sabemos como *isso* é perigoso. Mesmo se você for um mestre na manipulação da opinião pública, e mesmo que tenha alcançado a glória além de todos os seus sonhos, você ainda poderá ser arruinado pela ingratidão e pela inveja. É mais prudente afirmar o seu poder, deixando bem claro que quem se opuser a você se arrependerá:

> Os homens têm menos escrúpulos em ofender aquele que se faz amado do que aquele que se faz temido. Isso porque o amor é mantido por uma cadeia de obrigações que, sendo os homens egoístas, se quebra sempre que

convém aos seus propósitos. Mas o medo é mantido por um receio de punição que nunca falha.[13]

Para ser um líder eficiente, o método mais prudente é assegurar que o povo tenha medo de você. Para instilar esse medo, você deve demonstrar que aqueles que o atacam não sobrevivem. George Washington estava bem ciente da importância de uma ação decisiva contra quem desafiava a sua autoridade. Em seu primeiro mandato presidencial, ele enfrentou a Insurreição do Uísque, de 1794, quando cidadãos se recusaram a pagar impostos sobre a produção de bebidas alcoólicas. Na sua fala ao Congresso, Washington faz eco à urgência do conselho de Maquiavel: "Um preconceito, promovido e exacerbado pelo artifício de homens que batalharam para obter ascendência sobre a vontade dos outros, guiando suas paixões, produziu esses sintomas de tumulto e violência." Washington observou, com tristeza, que os esforços para lidar razoavelmente com as queixas dos contribuintes só fizeram piorar as coisas: "A própria tolerância que mostramos em processá-los foi mal interpretada e vista como medo nosso de forçar a execução das leis, e nossas associações começaram a denunciar ameaças contra nossos fiscais."[14] Washington convocou o exército e o liderou pessoalmente contra a Insurreição. Nenhum presidente norte-americano foi tão amado quanto George Washington, mas ele sabia que o medo era essencial para um governo eficiente.

Nenhum líder contemporâneo dominou as artes da governança mais efetivamente do que Yasser Arafat, que conseguiu ser amado e temido e utilizou brilhantemente a ilusão para criar diferentes imagens de si mesmo para amigos e inimigos. Arafat precisava

---
13. *O Príncipe*, 17.
14. *Gazette of the United States* (Filadélfia), 19 de novembro de 1794.

liquidar desafiadores potenciais para manter o controle da OLP, mas era importante para ele mostrar-se como um "moderado" para ser aceito como parte legítima no "processo de paz" do Oriente Médio. Portanto, no maior segredo, Arafat fez seus serviços secretos criarem a organização terrorista Abu Nidal, que ele usava para assassinar seus inimigos dentro do próprio movimento palestino. Ao mesmo tempo, a existência desse grupo violento e assassino permitia a Arafat se mostrar, com sucesso, como um "moderado". Os assassinatos eram lançados à conta da Abu Nidal, enquanto Arafat mantinha uma pose distanciada e falava de paz. A ilusão teve pleno sucesso. Até mesmo os israelenses nada souberam da estratégia de Arafat, até Ion Mihai Pacepa, chefe do serviço secreto romeno, fugir para os Estados Unidos no final dos anos 70 e revelar todo o esquema.

Arafat falava de paz em inglês para diplomatas estrangeiros e prometia ao seu próprio povo, em árabe, que Israel acabaria sendo destruída. Suas consideráveis conquistas diplomáticas sempre ocorreram contra um pano de fundo de violência; os líderes israelenses assinaram um acordo de paz com ele depois de Arafat ter acionado uma sangrenta *intifada* contra Israel. Ao longo de todo o "processo de paz", sua reputação de homem moderado e pacífico crescia de mãos dadas com o ritmo crescente da matança de israelenses por palestinos a quem ele publicamente louvava e abraçava. Arafat chegou a ser contemplado com metade do Prêmio Nobel da Paz, uma ironia que Maquiavel teria apreciado. O grande sucesso de Arafat é um monumento em homenagem à sabedoria do conselho de Maquiavel de que é muito mais seguro para um líder ser temido do que amado. Na verdade, se você é temido, seus seguidores sempre encontrarão motivos para amá-lo.

A atual safra de líderes ocidentais entende essa idéia de uma maneira terrivelmente equivocada, enquanto os grandes líderes da geração anterior a compreenderam e mudaram o mundo. De meados da década de 1970 até fins dos anos 80, o Ocidente foi abençoado com um número extraordinário de homens e mulheres que lutaram bravamente pelos seus países e pela glória pessoal:

- O rei Juan Carlos, da Espanha, desafiou os "especialistas" que prediziam que a Espanha se desintegraria numa guerra civil depois da morte do ditador Francisco Franco. Em vez disso, Juan Carlos usou a autoridade da Coroa e sua coragem pessoal para liderar o país no rumo de uma democracia bem-sucedida. Assim, ele estabeleceu um modelo que foi copiado no mundo todo, primeiro na América Latina, depois na Polônia e até mesmo na África do Sul. [Ver Michael A. Ledeen, *Freedom Betrayed* (Washington, 1996), pp. 15 e seguintes.]

- O papa João Paulo II usou sua bravura pessoal e, tal como esperaria Maquiavel, o poder da fé religiosa para mobilizar milhões de pessoas na luta contra a tirania. Embora pregando constantemente os valores da paz, o papa na verdade conduziu uma guerra religiosa não-violenta contra os tiranos.

- Lee Kwan Yu, de Cingapura, recebeu um país famoso pela doença, pobreza e terrorismo, e por meio de um governo determinado e ações implacáveis contra seus oponentes, transformou a minúscula cidade-estado numa ilha de energia criativa e numa das sociedades mais prósperas do planeta.

- Lech Walesa, da Polônia, usou sua coragem pessoal e a autoridade do sindicato livre Solidariedade para abrir uma brecha fatal no edifício do Império Soviético.

- Nelson Mandela, da África do Sul, usou sua coragem pessoal e sua autoridade de príncipe tribal para quebrar a vontade do regime do *apartheid* e, como Juan Carlos fizera na Espanha, conduzir sua nação pacificamente rumo à democracia.

• Margaret Thatcher, da Inglaterra, quebrou a vontade dos sindicatos ingleses, ressuscitou as energias de seu povo, nocauteou a Argentina quando os generais de Buenos Aires invadiram território britânico e aliou-se sucessivamente a dois presidentes norte-americanos para derrotar os inimigos do Ocidente, primeiro, o Império Soviético e, depois, o Iraque, na Guerra do Golfo.

• Ronald Reagan, dos Estados Unidos, como o papa João Paulo II, demonstrou coragem pessoal diante de um assassino, venceu repetidas vezes os desafios à sua autoridade no nível interno e liderou a bem-sucedida campanha contra o Império Soviético. Derrotou os agentes soviéticos nos campos de batalha do Afeganistão, de Angola e de Granada, impediu a União Soviética de ter acesso a cruciais tecnologias do Ocidente e ressuscitou o agonizante moral das democracias para vencer a Guerra Fria (a Terceira Guerra Mundial do século XX).

Todas essas figuras heróicas, junto com outras como Vaclav Havel, da Checoslováquia, Mario Soares, de Portugal, e Bettino Craxi, da Itália, compreenderam que precisavam afirmar sua autoridade. A presidência de Ronald Reagan definiu-se, já de início, por um decisivo exercício de poder: o expurgo dos controladores de tráfego aéreo que entraram em greve em 1981. A partir desse momento, tanto os oponentes políticos de Reagan no nível interno quanto os soviéticos perceberam que estavam lidando com um "cara durão". Margaret Thatcher lidou do mesmo modo com o sindicato dos mineiros de carvão da Grã-Bretanha e ganhou o apelido de "Dama de Ferro". Mario Soares combateu os comunistas nas ruas de Lisboa e do Porto. João Paulo II, para firmar sua autorida-

Como governar — 133

de dentro da Igreja, fez frente ao desafio dos padres dissidentes, sobretudo dos jesuítas. Quando um padre da Nicarágua se aliou ao governo comunista, o papa foi a Manágua, fez um sermão contra a tirania atéia e ordenou que esse padre se ajoelhasse e beijasse o anel papal. Nelson Mandela desviou os possíveis inimigos — incluindo sua própria mulher — para as margens do poder logo depois de ser libertado da prisão.

Muitos amaram esses líderes, mas sua autoridade foi em grande parte estabelecida sobre o medo, que crescia à medida que seus inimigos eram definitivamente derrotados ou destruídos.

A geração seguinte de líderes ignorou esses exemplos e procurou a afeição pública apelando para o sentimento popular. De John Major a George Bush, de Jacques Chirac a Boutros Boutros-Ghali, os novos líderes buscaram a popularidade e ignoraram os imperativos da governança. A Guerra do Golfo deveria ter sido a ocasião de fazer de Saddam Hussein o exemplo do que aconteceria a qualquer tirano que pensasse em atacar o Ocidente e seus aliados. Em vez disso, permitiu-se que Saddam sobrevivesse e continuasse a planejar atos de vingança, convencido de poder fazê-lo sem arriscar seu governo. Os eventos subseqüentes provaram que ele estava certo. Os Estados Unidos autorizaram a ONU a desmantelar os programas iraquianos de armas químicas, biológicas e nucleares, mas a ONU fracassou e, no início de 1998, a maioria dos países ocidentais, já acreditando que os Estados Unidos não estavam preparados para derrubar o regime de Saddam, trabalhavam para normalizar suas relações com o Iraque.

Conforme mostramos antes, esse comportamento é típico daquilo que Maquiavel chama de "Estados efeminados", nações que não levam a sério as exigências de sobrevivência internacional, lideradas por homens e mulheres que abandonaram os ideais de virtude em favor da autocomplacência e de uma popularidade temporária. Esses líderes geralmente são tão impotentes nos conflitos internos quanto na arena internacional. Vejamos Newt Gingrich, que durante algum tempo parecia ser um verdadeiro maquiavélico. Nas eleições de 1994, ele organizou o Partido Republicano numa coesa força combativa e definiu sua missão, o "Contrato com a América", com precisão quase militar. Denunciou a corrupção do Partido Democrata, há mais de quarenta anos controlando a Câmara dos Deputados, e atacou sua ideologia liberal como sendo ruinosa para a atividade empresarial, prejudicial para as liberdades individuais e nociva para o bem-estar econômico do país. O triunfo republicano foi tão grande, que muitos dos mais eminentes democratas previram toda uma geração de governo republicano. Contudo, nos dois anos seguintes, os republicanos foram severamente batidos por Bill Clinton. Clinton roubou o espaço de Gingrich, adotando muito da retórica republicana, enquanto os atacava com palavras como cruéis e insensíveis. Digamos que era um "gingrichismo com face humana". Gingrich perdeu rapidamente o prestígio nacional e o apoio de seus próprios partidários. A coisa toda explodiu em julho de 1997, quando um punhado de conspiradores republicanos foi flagrado planejando a derrubada de Gingrich. Expostos, esses homens ficaram à mercê de Gingrich. Se ele tivesse exigido que fossem expulsos das posições de poder no Partido Republicano, certamente teria vencido. E isso, por sua vez, lhe teria dado a oportunidade de reafirmar sua liderança e ressuscitar o moral republicano. Em vez disso, Gingrich fingiu que estava tudo bem, aceitou a demissão de um conspirador e deixou os demais em seus cargos. Foi o equivalente político da Guerra do Golfo. Como Bush, Gingrich não conseguiu compreender a importância de deixar bem claras as trágicas conseqüências para quem desafiasse seu poder, arriscando-se ao ódio do público. Também John Major parecia totalmente incapaz de tomar uma decisão básica sobre a entrada da Inglaterra na "nova Europa" e acabou caindo no ridículo. Quando Helmut Kohl, na Alemanha, vacilou na questão de reformar o Estado do bem-estar social, tanto partidários quanto oponentes perderam o respeito por ele. Todos os três foram derrotados sem cerimônia, Gingrich por seu próprio partido, Major e Kohl pelo eleitorado no nível nacional. Maquiavel esboça a lição geral:

> O que faz [um líder] desprezado é ser considerado inconstante, frívolo, efeminado, covarde, irresoluto; um príncipe deve guardar-se dessas qualidades como de um recife perigoso e deve se empenhar para fazer todos reconhecerem nas suas ações grandeza, têmpera, dignidade e força.[15]

Maquiavel quer o tipo de líder que segue o conselho de Shaka, o rei zulu de fins do século XIX que uniu sua tribo e a conduziu com grande sucesso contra outras forças regionais, incluindo o exército britânico. Shaka passou para a história como um dos maiores monarcas africanos e é reverenciado pelo seu povo, apesar da grande violência que usou para unir os zulus e derrotar as outras tribos. Ele próprio não tinha a menor dúvida sobre a base necessária para seu governo. Os zulus, disse Shaka,

> ... são parte de mais de duas centenas de clãs rebeldes que eu precisei destruir e remodelar, e somente o medo da morte os manteria unidos. Chegará o tempo em que eles serão uma só nação e os clãs serão lembrados apenas como sobrenomes. Enquanto isso, o meu nome terá de inspirar-lhes terror.[16]

Shaka cumpriu seus objetivos e sua profecia. Ele não teria sentido a menor simpatia pelos líderes contemporâneos que se

---
15. *O Príncipe*, 19.
16. E.V. Walter, *Terror and Resistance* (Nova York, Oxford, 1969), p. 176.

vêem abandonados pelos partidários ingratos num momento de fraqueza. Sua cáustica observação a um amigo deveria ser repetida à atual geração de líderes: "Se eu te pusesse no meu lugar pelo tempo de uma lua, a Zululândia cairia aos pedaços, pois tu, com teu estúpido raciocínio de homem branco, começarias perdoando as pequenas ofensas."

Silvio Berlusconi, da Itália, não prestou atenção a Maquiavel e tolamente seguiu o "raciocínio de homem branco", arruinando-se. Tendo feito fortuna com os meios de comunicação de massa e negócios imobiliários, Berlusconi explodiu no cenário político em 1994 com seu recém-criado movimento Forza Italia, e venceu a eleição parlamentar. Sua plataforma de campanha continha temas espantosamente semelhantes aos do Contrato com a América: impostos mais baixos, governo menor, maior liberdade individual. Berlusconi tornou-se primeiro-ministro num momento potencialmente revolucionário, pois os partidos tradicionais tinham sido seriamente enfraquecidos pelos escândalos políticos e financeiros que expuseram uma vasta rede de corrupção envolvendo políticos e empresários. Desaparecera o Partido Democrata Cristão, o mais poderoso do país desde o fim da Segunda Guerra, e também o Partido Socialista que, na década de 1980, fora o principal parceiro de coalisão com o PDC. A oposição consistia em ex-comunistas e num punhado de comunistas leais. Seriamente enfraquecidos pela inesperada derrota eleitoral infligida por Berlusconi, eles expulsaram seus líderes e escolheram outros mais jovens. Berlusconi parecia ser talhado na medida para a situação, porque vinha de um ambiente fora da desacreditada classe política, e sua mensagem política, apresentada em frases de efeito cuidadosamente arquitetadas por seus especialistas em mídia e transmitidas por suas estações de TV, ressoou por todo o corpo político italiano.

A maior ameaça a Berlusconi veio do Poder Judiciário, o instrumento da destruição dos velhos partidos políticos e de seus alia-

Como governar — 137

dos empresariais. Muitos juízes não fizeram segredo da própria inclinação política para os partidos de esquerda e centro-esquerda e, portanto, da antipatia que sentiam por Berlusconi e seu movimento. Eram bem versados nos métodos de Maquiavel. Usavam implacavelmente a posição preventiva como meio de extorquir confissões de seus alvos. Homens inocentes eram encarcerados meses a fio, sem acusação formal, e informados de que só seriam libertados se dessem aos juízes informações que lhes permitissem agir contra políticos e empresários mais proeminentes.

Era evidente que, se os juízes tivessem oportunidade, os mesmos métodos seriam usados contra Berlusconi e seus aliados. Por isso, em 1995 o governo Berlusconi introduziu uma legislação visando limitar o uso da prisão preventiva e tornar essa prática compatível com os métodos usados em outras partes da Europa. Os inimigos de Berlusconi, reconhecendo que esse era um teste crucial de poder, encheram as *piazzas* do país com centenas de milhares de pessoas em marchas de protesto, enquanto um grande segmento da mídia denunciava as novas leis e exigia a sua revogação.

Essa batalha determinou o equilíbrio interno do poder na Itália por toda uma geração política. Sob cerco político, Berlusconi cedeu. A legislação proposta foi abandonada. Logo depois, por ocasião de uma importante reunião de cúpula internacional na Itália, Berlusconi foi publicamente informado de que estava sendo investigado por corrupção. Nos meses seguintes, seu prestígio caiu a zero e ele finalmente se viu forçado a renunciar. O Judiciário, triunfante, fechou um cerco implacável sobre o próprio Berlusconi, sobre seu irmão e sobre os executivos do império empresarial. Os mesmos métodos foram usados para neutralizar outros oponentes potenciais do novo governo de centro-esquerda, cujos líderes eram invariavelmente poupados das provações judiciais que viviam afligindo a oposição.

Gingrich e Berlusconi caíram de um modo bem conhecido de Maquiavel; seu próprio príncipe, Piero Soderini, fez a mesma coisa. Soderini foi eleito líder vitalício da República Florentina em 1502, depois de violenta batalha entre os que queriam uma aristocracia e os que apoiavam uma forma mais popular de governo. Soderini era o candidato dos populistas, e os aristocratas o combateram desde o início do seu mandato. Em setembro de 1512, depois de uma derrota militar, o governo de Soderini foi derrubado pelos seus inimigos, que pediram a volta dos Médici. A descrição da queda de Soderini, nas palavras de Maquiavel, ajusta-se aos nossos exemplos contemporâneos:

> [Soderini] acreditava que, com a passagem do tempo, com bondade e com a sua boa sorte e alguns presentes ocasionais, seria capaz de vencer a inveja de [seus inimigos]. (...) Contudo, ele era muito jovem (...) e embora sua sagacidade natural reconhecesse a necessidade de destruí-los, embora a qualidade e a ambição de seus adversários lhe dessem a oportunidade, mesmo assim ele não tinha coragem de fazê-lo. (...) Ele era uma vítima das próprias opiniões, sem saber que a maldade não é apagada pelo tempo, nem aplacada por presentes. Por isso, ele perdeu ao mesmo tempo seu país, sua posição e sua reputação.[17]

Nem Gingrich nem Berlusconi desapareceram da política, mas eles não podem esperar recuperar a grandeza dos seus dias de triunfo. Seus inimigos não os temerão e o povo continuará a não respeitá-los, embora talvez não com tanta intensidade quanto Maquiavel desprezava seu antigo líder. Quando Soderini morreu, a pena de Maquiavel traçou um terrível epigrama:

---

17. *Discursos*, III, 3 e 30.

Na noite em que Soderini morreu,
seu espírito desceu até as portas do inferno.
Plutão gritou: "Mas que diabo?! Espírito tolo,
corre para o limbo com os outros moleques!"[18]

Por outro lado, Bill Clinton (que, para usar uma expressão polida, prefere muito mais ser amado do que temido) não dá tréguas aos seus oponentes políticos domésticos. Famoso por sua atenção aos detalhes da luta política, Clinton usou todos os métodos disponíveis para prejudicar a oposição. Em meados de 1997, o Internal Revenue Service [Secretaria da Receita Federal] abriu auditorias sobre pelo menos vinte organizações sem fins lucrativos que eram hostis a Clinton, enquanto consta que nenhuma organização "amiga" do governo estivesse sendo investigada. Num caso, aparentemente uma inovação, o IRS começou a investigar mesmo antes de a auditoria ter sido iniciada (o grupo, Fortress América, era tão recente que ainda nem tivera tempo de fazer a primeira declaração de rendimentos). O advogado de um desses grupos observou com muita exatidão: "Clinton se preocupa com o poder e está usando a mais temível ferramenta legal do governo para atacar pessoas que se opõem a ele politicamente. Ele está usando o governo para alcançar metas políticas pessoais."[19]

Indeciso nos assuntos internacionais, Clinton de todo modo compreendia os usos domésticos do poder e o exercia com manifesta aptidão e satisfação. Nenhum presidente dos tempos recentes combateu com tanta tenacidade e eficácia seus oponentes políticos. Seus ataques táticos contra os vários acusadores e investigadores no Congresso e no Judiciário foram golpes de mestre duran-

---

18. Machiavelli, *Discorsi*, organizado por Corrado Vivanti (Milão, 1983), nota à p. 367.
19. Joseph Farah e Sarah Foster, "WorldNet Daily", 24 de junho de 1997.

te vários anos; ao contrário dos antecessores Nixon e Reagan, Clinton conseguiu bloquear a divulgação de informações potencialmente prejudiciais e manteve controle efetivo do seu pessoal. Mas o domínio da técnica não seria suficiente para torná-lo grato aos olhos de Maquiavel, para quem a coisa mais importante é o comportamento virtuoso em benefício do bem comum. Usar os métodos de Maquiavel para simplesmente manter o poder pessoal, sem lutar pelos princípios básicos sobre os quais se constrói qualquer empreendimento bem-sucedido, é uma perversão perigosa das exigências maquiavélicas para a boa liderança. É "maquiavelismo sem Maquiavel", conforme comentou recentemente um editorialista italiano, observando:

> Os grandes ensaístas políticos realmente falaram das vantagens da dissimulação, mas somente se ela fosse "honesta", somente se ela incorporasse algum idealismo realista. Maquiavelismo sem Maquiavel é um cozido teórico e prático intragável. Sem a polpa suculenta de um objetivo político, abraçado e amado com paixão, quase como um ato de fé, os truques são apenas truques e geralmente expedientes dolorosos do tipo que costuma ser realizado pelas fraudes amorais que abundam nos becos da cidade.[20]

Um bom Estado só será eficazmente liderado por um líder virtuoso que use eficazmente seu poder para promover os objetivos da nação e não para seu engrandecimento pessoal. Quando os líderes se tornam corruptos, quando eles se tornam notoriamente lascivos e indolentes, quando fogem do conflito internacional e subvertem o processo político para promover seu próprio interesse, então eles ameaçam todo o empreendimento com a corrupção.

---

20. *Panorama*, 12 de junho de 1997.

A corrupção de um Estado virtuoso não é incomum (na verdade, é a regra) e tipicamente ocorre em momentos de grande sucesso, exatamente quando a nação se sente forte e segura. Maquiavel escreve sobre um desses momentos na antiga Roma.

[Os romanos] estavam seguros da sua liberdade e não viam nenhum inimigo que os amedrontassem. Essa segurança e a fraqueza dos inimigos induziu os romanos a nomear seus cônsules não com base na virtude, mas com base na popularidade, elevando a altos cargos homens que sabiam encantar o povo e não homens que sabiam derrotar os inimigos; com o passar do tempo, caíram dos mais encantadores para os mais poderosos, de modo que os homens bons (...) foram completamente excluídos.[21]

Essa corrupção corroeu as instituições republicanas que haviam produzido a grandeza de Roma, e enfraqueceu a nação até o ponto em que seus inimigos puderam ameaçar sua própria existência. Nosso perigo, hoje, é o mesmo. Atraídos para uma ilusão de segurança pela fraqueza dos nossos inimigos, confortados pela riqueza criada pela nossa indústria, nossos líderes escorregam para o pântano que Maquiavel tão bem conhece e tão intensamente detesta. Maquiavel acredita que sabe lidar com essa situação.

E nós, sabemos?

---

21. *Discursos*, I, 18.

CAPÍTULO SEIS

LIBERDADE

Pois é tão difícil tornar livre um povo que está decidido a viver em servidão, quanto sujeitar à servidão um povo que está determinado a ser livre.

Moisés tirou os israelitas do Egito cruzando o mar Vermelho e a península do Sinai. Depois de receber os Dez Mandamentos e esmagar os heréticos que adoravam o bezerro de ouro, ele continuou até as fronteiras da Terra Prometida. Ali, segundo as instruções de Deus, Moisés organizou um grupo de batedores encabeçado por Josué e Caleb, preparando-se para invadir e ocupar o local. Quarenta dias depois, os espiões regressaram. Traziam a boa-nova de que a terra era bela e fértil; e a má notícia de que seus habitantes eram gigantescos e valentes, com armas poderosas e boas fortificações. Todos os espiões, exceto Josué e Caleb, argumentaram que um ataque seria suicídio, e a maioria esmagadora do povo concordou com eles. Temendo ser destruídos em batalha, voltaram-se contra Moisés. "Providenciemos outro chefe e voltemos para o Egito." Mesmo recentemente libertados da escravidão no Egito, os israelitas preferiam voltar ao cativeiro do que lutar pela liberdade.

Esse foi o começo de uma imensa revolta contra Moisés, uma revolta que se espalhou por todas as tribos e envolveu os líderes mais poderosos e notáveis, bem como membros da hierarquia sacerdotal e o próprio Aarão. Alguns acusaram Moisés de abuso de poder, enquanto outros denunciavam sua incompetência. Tal como ocorreu no monte Sinai, os revoltosos foram implacavelmente punidos. Os líderes da revolta foram mortos e Deus condenou os adultos restantes a vagarem no deserto por quarenta anos, um ano para cada dia que durou a missão de espionagem. Dos adultos, somente Josué e Caleb tiveram permissão de entrar na Terra Prometida e ali viver em liberdade.

A revolta contra Moisés, pedindo a volta da escravidão, é um dos mais poderosos dentre os "infinitos exemplos" a que se refere Maquiavel para mostrar as dificuldades de liderar para a liberdade um povo que se acostumou a viver sob a ditadura. Esse povo, diz Maquiavel, não é diferente de um animal selvagem criado em cativeiro. Sem saber como encontrar comida ou refúgio, na selva o animal domesticado é presa fácil dos inimigos. Do mesmo modo, os povos que entram na democracia depois de terem sido criados sob uma ditadura, "sem saber como lidar com a defesa e as ofensas públicas (...) rapidamente voltam para debaixo da canga que, na maioria dos casos, costuma ser pior do que aquela da qual há pouco tiraram o pescoço".[1] Essa metáfora tem vida longa, conforme descobriram os leitores do *Washington Post* não faz muito tempo.

"Algumas pessoas acham difícil suportar a responsabilidade da liberdade", diz Jaroslava Moserova, vice-presidente do Senado tcheco. "Eu chamo isso de 'conceito zoo'. Quando abrimos as portas do zoológico e libertamos os animais, são os predadores que fazem o melhor

---

1. *Discursos*, I, 16.

uso da liberdade recém-encontrada. Os animais tímidos (...) acham mais seguro voltar para trás das grades."²

Além disso, observa Maquiavel, o líder de uma nova democracia precisa enfrentar a inimizade de todos aqueles que se beneficiaram com a antiga ditadura. Eles se ressentem de uma sociedade livre na qual "as honrarias e os prêmios [são dados] de acordo com razões honestas e específicas e onde, caso contrário, ninguém é premiado ou homenageado".

Foi isso que aconteceu com os israelitas. Nem Moisés, nem o próprio Deus, poderiam vencer a mentalidade de escravos dos judeus que cresceram sob a tirania egípcia. Para criar uma nação livre, toda aquela geração teria de ser destruída no deserto. Foi uma nova geração, criada em liberdade, que cumpriu a missão.

Se os israelitas, abençoados com uma liderança soberba (divina, na verdade), precisaram de duas gerações para completar a transição para a liberdade, por que nos surpreenderíamos ao ver os antigos satélites escravos do Império Soviético, com seus líderes medíocres e medrosos, lutando para estabelecer a regra da lei e os hábitos e responsabilidades da liberdade? A volta ao poder das antigas elites comunistas é a versão contemporânea da exigência dos israelitas de voltar para o Egito. Maquiavel teria predito que as mais bem-sucedidas transições contemporâneas da democracia para a ditadura ocorreriam em países onde as ditaduras foram relativamente suaves, como na Espanha e em Portugal, ou onde a tirania foi de curta duração, como nos satélites bálticos e centro-europeus, que só caíram sob o jugo soviético depois da Segunda Guerra Mundial. Os satélites bálticos e centro-europeus tiveram mais sucesso que a Rússia, a Geórgia, Belarus e a Ucrânia, que estiveram sujeitas à tirania bolchevique desde o início do século XX.

---

2. William Drozdiak, "First Lady Takes Up Cause of East European Women", *Washington Post*, 7 de dezembro de 1997.

Maquiavel nos lembra que a capacidade de um povo para a liberdade está intimamente ligada à sua história. Infelizmente, nossos filhos não aprendem mais isso na escola — pois a exigência de não criticar a história de nenhum povo hoje vale mais do que a boa e velha noção de apenas contar a História. O atual desejo de acreditar que todos os povos são fundamentalmente iguais nos cega para essa realidade. E também torna mais difícil a boa liderança. Se os líderes do Ocidente tivessem avaliado o dano feito ao espírito humano por quase um século de regime totalitário, eles teriam entendido melhor as enormes dificuldades enfrentadas pelos países que compunham a antiga União Soviética. Teriam imposto exigências mais draconianas — incluindo, por exemplo, o expurgo das velhas elites e a vigência da regra legal, que estabelece a santidade da propriedade e dos contratos privados — em troca da assistência material, tal como fizeram com as derrotadas nações fascistas depois da Segunda Guerra Mundial. Boas leis e boas instituições são duas das três pernas do bom Estado.

As mais bem-sucedidas novas democracias que surgiram depois da Segunda Guerra Mundial e da Guerra Fria tinham uma tradição de liberdade, uma fonte de virtude da qual se nutrir após a derrota dos tiranos. Conforme explica Maquiavel: "Nas repúblicas há maior vitalidade, maior ódio, maior desejo de vingança; a memória da antiga liberdade nunca se apaga."[3] Tão grande é o poder das tradições livres, que Maquiavel aconselha os futuros conquistadores de Estados livres a destruir ou exilar os habitantes, porque, caso contrário, estes nunca esquecerão "o espírito de liberdade e as antigas instituições". Foi exatamente isso que Stálin tentou fazer, matando ou desterrando dezenas de milhões de pessoas numa tentativa desesperada de erradicar suas memórias históricas; mas mesmo Stálin foi incapaz de vencer totalmente o espírito de liberdade em povos como os tchetchenos.

---

3. *O Príncipe*, 5.

Porém, não importa quão forte sejam as antigas tradições de liberdade, é difícil para os povos aprenderem a tomar suas próprias decisões depois que se acostumaram a só agir quando assim ordenados. Isso é verdadeiro tanto nos negócios quanto na política, conforme descobriram os líderes ambiciosos e idealistas que transformaram a United Airlines de uma ditadura numa democracia. A United sempre seguira o costumeiro modelo corporativo "de cima para baixo" e, como as demais companhias aéreas, passou por tempos difíceis no começo da década de 1990. O conflito entre a administração e os vários sindicatos era tão intenso, que ninguém conseguia chegar a um acordo sobre algum plano de reestruturação. O impasse foi resolvido por uma revolução cultural dentro da United. No verão de 1994, o novo CEO da companhia, Gerald Greenwald, negociou o equivalente empresarial de uma transição da ditadura para a democracia. Em troca de quase US$ 5 bilhões em concessões salariais ao longo dos próximos cinco anos e meio, a United cedeu 55% das suas ações a seus funcionários. Esperavam que os trabalhadores se sentissem mais motivados se seus rendimentos crescessem juntamente com os lucros da empresa.

Greenwald era homem talhado para esse desafio, pois desempenhara papel fundamental na reviravolta da Chrysler no fim dos anos 70 e, com isso, ganhara a reputação de "campeão dos trabalhadores". Mas Greenwald sabia que uma mudança na participação acionária, mesmo se produzisse uma melhora profunda no moral dos empregados, não era suficiente. Os métodos da United pareciam ter sido projetados para frustrar a iniciativa. Por exemplo, o novo presidente, John Edwardson, descobriu que teria de aprovar pessoalmente todos os pedidos de compra de qualquer vice-presidente que excedesse US$ 4.999. "O que é isso, uma piada?", perguntou Edwardson, "ou vocês estão me testando?" Não era nem uma coisa nem outra; simplesmente os negócios usuais de uma empresa de US$ 12 bilhões que lutava para manter a cabeça à tona da água. Conforme fora previsto, a United não tinha quatro semestres consecutivos de lucro desde 1989.

A United precisava transformar fundamentalmente sua maneira de fazer negócios, em todos os níveis. A primeira exigência dos novos líderes foi a de permitir que as pessoas com conhecimentos práticos dos problemas tentassem resolvê-los diretamente, sem ter de conseguir aprovações prévias em várias camadas da burocracia.

Greenwald agiu prontamente para dar mais autoridade em toda a linha: o antigo limite de US$ 500,000 para contratos de construção foi decuplicado para US$ 5 milhões. O antigo teto para a autorização de compras do vice-presidente subiu de US$ 750,000 para US$ 5 milhões. No passado, o vice-presidente da área de carga podia assinar contratos até US$ 1 milhão, e válidos por apenas um ano. O teto subiu para US$ 10 milhões e o prazo, para cinco anos. O CFO [*chief financial officer*] estava limitado a US$ 25 milhões; todos os limites foram removidos. Ao mesmo tempo, removeram-se camadas inteiras de supervisão burocrática. Mais de cem supervisores receberam ofertas de outros cargos (sem redução do salário) e empregados de todos os níveis receberam esta instrução: "Se você tem um problema e sabe resolvê-lo, faça isso."

Era mais fácil de falar do que de fazer, porque os empregados não estavam acostumados a tomar decisões por conta própria. Eles sempre foram pagos para seguir instruções e, se as coisas não funcionavam direito, nunca eram responsabilizados. Agora eles recebiam mais liberdade, mas a liberdade traz consigo obrigações. Eles seriam avaliados e recompensados pelos seus resultados: elogios, aumentos e promoções se tivessem sucesso; mas crítica e redução da autoridade se piorassem as coisas. Greenwald, Edwardson e outros executivos do primeiro escalão passavam metade do tempo tentando inculcar a nova cultura diretamente nos empregados, tanto nas pistas de decolagem como nos refeitórios, balcões de vendas e hangares de manutenção.

Greenwald compreendia muito bem a ênfase de Maquiavel na importância dos acontecimentos dramaticamente representados para instilar virtude nas pessoas, e os três acontecimentos iniciais ajudam a inspirar os empregados. Primeiro, inaugurou-se uma nova ponte aérea na Costa Oeste, entre Los Angeles e San Francisco, planejada e implementada por mais de cem funcionários da United. Um comitê especial tinha sido formado originalmente pelo primeiro escalão para desenvolver uma agenda para o projeto, mas esse comitê logo se afastou para deixar o pessoal de base tomar as decisões operacionais. Estas foram tomadas principalmente pelas equipes da ponte aérea em cada aeroporto, que produziram as normas reunindo-se duas vezes por dia.

A segunda ação dramática foi a descentralização da tomada de decisões-chave, dos quartéis-generais executivos para os das principais cidades. James Goodwin, vice-presidente sênior para a América do Norte, comentara antecipadamente:

> Nós nunca antes havíamos compartilhado com os nossos empregados, em qualquer lugar, a rentabilidade do setor deles. (...) Eles têm uma meta de custos e a alcançam, nós os recompensamos. A organização de vendas está cumprindo suas quotas, nós lhe damos um tapinha no ombro.
> Mas nós estamos perdendo até a camisa. Desse jeito, qualquer dia nós chegamos, alinhamos os empregados contra a parede e dizemos: "Vocês fizeram um trabalho fantástico. Só que nós não conseguimos ganhar dinheiro aqui e estamos fechando este setor." E então ficamos olhando para umas trinta pessoas atordoadas.[4]

---

4. Perry Flint, "The Buck Stops Lower", *ASAP*, setembro de 1995.

Sob a nova cultura, as grandes cidades passaram a ter responsabilidade por todo o programa, de modo que toda pessoa envolvida compreendia todos os ingredientes que entravam no negócio da United. Passados sete meses, o primeiro programa de teste já saíra do vermelho.

A terceira mudança dramática na United foi um CEO com virtude. Em vez de fingir que tudo ia muito bem, ele anunciou de imediato que a indústria aeronáutica, incluindo a United, estava "cheia de fumaça e de nuvens, e ninguém acredita mais em nós". Admitiu prontamente que voar não era uma experiência glamourosa; os assentos eram pequenos demais, as filas nos balcões de *check-in* e passagens eram longas demais e a comida era terrível. Ele prometeu que a United faria melhor as coisas. Os novos aviões seriam mais confortáveis, o novo sistema de emissão eletrônica de passagens logo estaria disponível *on-line*, a qualidade da comida melhoraria. E tudo isso aconteceu.

Os resultados da revolução cultural de Gerald Greenwald na United foram espetaculares. O moral dos empregados se elevou, conforme fora demonstrado por uma queda constante no tempo perdido com acidentes e licenças por doença. Um bom barômetro da reviravolta da United são as licenças por doença em 1995: comparadas com o mesmo período do ano anterior, caíram 7,4% em março, 10% em abril e 18,8% em maio. As queixas dos empregados caíram mais de 80% no mesmo período, enquanto a United alcançava o menor custo unitário dentre as três principais empresas aéreas do país. Ganhando mais liberdade, os empregados da United tinham trabalhado com mais afinco e promovido o bem comum.

O balanço mostrava o mesmo progresso. A empresa já dava lucro menos de um ano depois de os empregados assumirem e, no primeiro aniversário, Greenwald foi capaz de anunciar um ganho de 67% no valor da ação ordinária da United, que representava um aumento de US$ 1,9 bilhões no valor patrimonial da empresa. Na primavera de 1996, a United anunciou um desdobramento de ações na base de quatro por um. No final de 1997, as ações da United tinham subido surpreendentes 260%.

Num daqueles muitos paradoxos que Maquiavel tão bem compreende, Greenwald descobriu que "potencializar" [empower] os empregados da United e descentralizar grande parte da tomada de decisões corporativa não tinha enfraquecido a sua autoridade. Pelo contrário, a fortalecera. Nenhum chefe de governo é tão poderoso quanto o líder de um povo livre, desde que prove o seu compromisso com o bem comum. O mesmo se aplica aos negócios.

Maquiavel insistiria em tirar mais uma lição do sucesso da United. Greenwald provou ser um líder excepcional, mas ele só foi capaz de liberar a iniciativa criativa de seus empregados, num espaço de tempo tão curto, porque estes vinham de uma sociedade livre. Sua iniciativa tinha sido reprimida pelos métodos autoritários dos líderes anteriores, mas no momento em que viram que não se tratava de um ardil — e sim de uma oferta de maior liberdade — eles souberam aceitá-la. Essa rápida mudança não é possível nas empresas que operam em sociedades há muito desprovidas de liberdade, conforme o próprio Greenwald descobriu no cargo de CEO da Tatra, empresa automobilística tcheca, pouco antes de assumir como CEO na United. Nesses países, a transição para a liberdade, mesmo dentro da mais livre atmosfera empresarial, pode levar uma geração ou mais.

Temos então um paradoxo final: a idéia de que os trabalhadores são os donos dos meios de produção foi um dos pilares da ideologia socialista, mas fracassou no Bloco Soviético devido à falta de liberdade tanto no mercado quanto na sociedade civil. Em vez disso, a idéia teve sucesso no coração do capitalismo democrático, que oferece a maior liberdade.

CORRUPÇÃO

Se o espírito da liberdade é assim tão forte, por que as nações e as empresas caem e os ditadores se erguem das suas ruínas? Maquiavel joga a culpa nos líderes corruptos e, depois, na corrupção das próprias pessoas. "Para que alguém consiga usurpar a autoridade suprema e absoluta (...) num Estado livre, e sujeitá-lo à tirania, é preciso que o povo já tenha se tornado corrupto, em passos graduais, de geração em geração."[5] Quando isso acontece, o empreendimento provavelmente está condenado. As sociedades livres dependem da virtude do povo; há uma relação simbiótica entre as boas leis e instituições, sobre as quais repousa o empreendimento, e o comportamento virtuoso dos cidadãos. Assim como "boas leis são necessárias para manter bons costumes, também os bons costumes são necessários para que as boas leis sejam observadas".[6] Enfraqueça-se um lado e o outro escorrega para a corrupção, com terríveis conseqüências: a indolência e o egoísmo que destroem até mesmo as maiores conquistas humanas. Quando a podridão se instala, até mesmo as melhores instituições se tornam inúteis. "Nem leis nem sistemas constitucionais são suficientes para segurar as rédeas numa corrupção geral."

Maquiavel usa dois dos nossos mais prestigiados direitos — liberdade de expressão e liberdade de reunião — para demonstrar a íntima conexão entre uma cidadania virtuosa e o funcionamento adequado de um Estado livre. Se o povo se dedica ao bem comum e está comprometido com a regra da lei, então até mesmo o protesto mais tumultuoso é uma ação positiva, pois reflete a preocupação de que os líderes tenham se desviado dos princípios justos. Mas se o povo se corrompeu, se o grosso dos cidadãos está mais interessa-

---
5. *Discursos*, III, 8.
6. *Discursos*, I, 18.

do no ganho pessoal do que no bem-estar geral, então os tumultos e outras perturbações ameaçam o Estado. O debate livre e aberto é inestimável quando os homens são virtuosos, mas perigoso quando eles são corruptos, porque então quem ganha o dia são os grandes oradores defendendo medidas que só promovem seu ganho pessoal. Mais ainda: enquanto o Estado for íntegro e sadio, os cidadãos expressarão livremente suas opiniões, para benefício de todos. Mas quando a podridão se instala, os homens e mulheres honestos terão medo de falar abertamente, sabendo que provavelmente se tornarão o alvo daqueles a quem criticam.

Os empreendimentos livres, sejam negócios ou equipes, famílias ou países, devem combater incansavelmente a corrupção. Na Wall Street, onde somas inacreditáveis de dinheiro são negociadas todo dia útil, os melhores escritórios de corretagem adotam medidas extraordinárias para flagrar empregados burlando as regras. Na Bear Stearns, por exemplo, o andar dedicado às transações é habitado não só por corretores genuínos e seus assistentes, mas também por espiões — observadores pagos pelo escritório para espionar os corretores e relatar qualquer indício de irregularidade financeira, uso de álcool ou drogas e qualquer outro comportamento inaceitável. As "toupeiras" agem igualzinho aos corretores, para não se distinguirem dos colegas, mas sua existência é bem conhecida e isso amplia o efeito. E quando se descobrem ações inadequadas, os malfeitores são rapidamente rebaixados ou demitidos, não importa o quanto tenham contribuído para o escritório no passado. Maquiavel insiste:

> Nenhuma república bem organizada jamais anulou os deméritos de seus cidadãos com seus méritos. (...) Tendo recompensado um cidadão pela sua boa conduta, se esse mesmo homem agir mal, ela o punirá sem nenhuma consideração por seus bons atos. E quando esses princí-

pios fundamentais são postos corretamente em vigor, uma nação vive livre por longo tempo; caso contrário, ela logo se arruína.[7]

Tanto a virtude quanto a corrupção fluem de cima para baixo (os líderes *não* são corrompidos pelo povo, embora freqüentemente joguem a culpa do próprio fracasso em seus seguidores). Alberto Dahik, líder político equatoriano, observou brutalmente: "Quando se percebe que a corrupção começa no topo, tudo cai e se deteriora. Se o próprio ministro rouba, os subsecretários assaltarão e os diretores de departamentos se envolverão em furto, extorsão, pilhagem e assassinato."[8]

Os líderes, portanto, devem personificar as virtudes que se esperam dos outros (ou, pelo menos, ser percebidos como virtuosos). Uma das histórias que mais bem define a cultura virtuosa da Bear Stearns é sobre o ex-CEO e atual presidente do conselho de administração, Allen "Ace" Greenberg. Quando Greenberg desceu no Aeroporto La Guardia depois de uma exaustiva viagem de negócios, um executivo júnior que o acompanhava informou, todo feliz, que havia uma limusine à sua espera. "E por quê? Os táxis estão em greve?", perguntou Greenberg.

Para evitar a corrupção, o empreendimento deve ser constantemente renovado e revigorado, de preferência por meio de uma aplicação de boas leis, cujas virtudes básicas são reafirmadas pelo comportamento de bons líderes. Maquiavel acha que isso deveria ser feito a cada dez anos, pelo menos, porque uma década é suficiente para que os líderes e a população se afastem dos princípios

---

7. *Discursos*, I, 24.
8. Paul Craig Roberts, "Corruption is a Cancer that Grows", *Conservative Current*, 12 de agosto de 1997.

que originalmente garantiram o sucesso do empreendimento. Esperar mais tempo é um convite a uma séria degeneração: "Os homens começam a mudar seus hábitos e a transgredir as leis. Se o medo e a lembrança da punição não forem renovados em seu espírito, logo se encontrarão tantos delinqüentes que será impossível puni-los sem perigo."[9]

A natureza do remédio variará conforme a virulência da doença no corpo político. Em geral, uma ação dramática será necessária para reafirmar os primeiros princípios do bom Estado: por exemplo, pegar um personagem poderoso e submetê-lo a um castigo impiedoso ou à destruição; passar uma nova lei que esmague aqueles que violarem ou sabotarem as normas e princípios básicos do Estado; ou elevar a uma posição de grande poder um personagem que tenha mostrado dedicação exemplar aos princípios fundamentais do empreendimento. Uma boa Constituição, atualizada com boas leis que "obriguem os cidadãos a freqüentemente prestar contas de sua conduta", proporciona um sólido alicerce para a renovação, mas também aqui, como sempre, a boa liderança é indispensável. "Dar vida e vigor a essas leis exige um cidadão virtuoso, que corajosamente ajudará a executá-las enfrentando o poder daqueles que as transgridem."[10]

Maquiavel escreve entusiasticamente sobre a punição ou execução dos corruptos, as quais são ainda melhores quando realizadas de uma maneira espetacular que leva a mensagem até o povo. Ele testemunhou uma execução especialmente dramática realizada por Cesare Bórgia em 1502. Bórgia acabara de conquistar a província da Romagna e descobrira que o local estava terrivelmente fora de controle. Salteadores reinavam nas estradas, ladrões e assassinos agiam livremente nas cidades e a autoridade

---
9. *Discursos*, III, 1.
10. *Discursos*, III, 1.

civil tinha se desintegrado. Para restaurar a ordem, Borgia nomeou Ramiro de Lorqua, seu auxiliar de confiança, governador da região. De Lorqua estabeleceu um controle brutal. Prendeu dezenas de criminosos e os executou. A menor infração das leis era punida de imediato. Tratava-se de eliminar o medo por um governo pelo medo duplicado. E então, sem nenhuma indicação prévia, os cidadãos de Cesena depararam com um espetáculo chocante na *piazza* central. O corpo de De Lorqua, rachado ao meio, estava exposto junto de um facão ensangüentado. "A ferocidade dessa cena", escreve Maquiavel, "deixou o povo ao mesmo tempo satisfeito e atordoado."

Os líderes contemporâneos, com sua tendência a perdoar todo mundo por todos os erros, fariam bem em ponderar a sabedoria da lição de Maquiavel sobre a importância de punir os grandes malfeitores, especialmente quando se aplica uma punição dramática. Maquiavel compreende muito bem o duplamente valioso efeito psicológico sobre o povo. Em primeiro lugar, o povo sente um assombro reverente pela violência do ato, que derruba por terra algum personagem poderoso. Isso lhes mostra que mesmo os mais poderosos estão sujeitos à justiça sob a lei, e lhes recorda o poder — de Bórgia, no espetacular exemplo de Maquiavel — de punir qualquer um que cometa um ato criminoso. O segundo elemento psicológico é a "satisfação", o tipo de catarse por que passa a platéia enquanto assiste a uma tragédia clássica. Assim agiram os Médici quando os Pazzi tentaram destruí-los, e seus memoráveis atos de vingança proporcionaram a todos os florentinos um espetáculo altamente satisfatório.

Nossos expurgos periódicos de políticos corruptos são exatamente o tipo de coisa que Maquiavel tem em mente, seja Watergate ou Whitewater, nos Estados Unidos, a destruição da velha classe política italiana ou a humilhação de políticos e gerentes no Japão. Hoje em dia, geralmente destruímos a reputação e a carreira dos homens, em vez de tirar-lhes a vida (fora da Ásia, há bem poucos suicídios de figuras políticas, embora haja alguns na Itália), mas o efeito sobre o público é o mesmo, especialmente porque muitos dos nossos carrascos modernos são jornalistas e comentaristas de TV que proporcionam o palco necessário e levam o drama até uma grande platéia. Não há nada que lembre tão eficazmente ao povo que seus líderes precisam agir dentro dos limites legais quanto botar na cadeia alguns homens poderosos que se acreditavam acima da lei ou destruí-los por meio do escândalo.

O Contrato com a América, que levou à dura punição eleitoral do Partido Democrata, satisfaz aos padrões de Maquiavel, tanto quanto o fazem os "grandes renascimentos" periódicos que liberam ondas de fervor religioso e, depois, de vigor político criativo. O cristianismo evangélico norte-americano é o tipo de "boa religião" pedida por Maquiavel. Os evangélicos não aceitam calados o seu destino; em vez disso, eles acreditam que foram chamados a combater a corrupção e a restabelecer a virtude. As instituições políticas norte-americanas, bem como os renascimentos religiosos cíclicos que parecem fazer parte do DNA nacional, ajudam a explicar a durabilidade da república.

Os corpos mais bem constituídos e que têm a existência mais longa são aqueles que possuem os meios intrínsecos de renovar a si mesmos com freqüência. (...) Pois, como tudo, devem ter dentro de si alguma bondade, por meio da qual obtêm sua primeira expansão e sua reputação; e, como ao longo do tempo essa bondade se corrompe, torna-se necessário destruir o corpo, a menos que algo intervenha para trazê-lo de volta ao seu estado normal.[11]

---

11. *Discursos*, III, 1.

É claro que sempre se pode ter sorte. Acontecimentos espantosos do mundo externo talvez venham providencialmente despertar o empreendimento de seu crescente torpor e demonstrar a necessidade de renovação, assim como o devastador ataque japonês a Pearl Harbor, em 1941, despertou tão eficazmente os Estados Unidos de seus doces sonhos de neutralidade permanente e assim como as revelações de Alexandr Solzhenitsyn, de Vladimir Bukovsky e de outros eloqüentes dissidentes soviéticos despertaram o Ocidente na última fase da Guerra Fria. A comunidade empresarial norte-americana também foi arrancada da sua letargia, no início da década de 1980, pelos ataques competitivos dos produtos japoneses, de automóveis a aparelhos eletrônicos. Graças a esses ataques devastadores, as empresas norte-americanas foram forçadas a se renovar, redesenhar seus produtos, aumentar sua produtividade e reestruturar suas organizações. Sem o desafio do exterior, as grandes conquistas econômicas norte-americanas dos últimos quinze anos nunca teriam ocorrido.

Mas não podemos ficar esperando que concorrentes e inimigos nos salvem; é só uma questão de tempo até enfrentarmos uma crise mais séria. A corrupção se instala, *sim*; ela já está aqui, na nossa natureza, esperando sua oportunidade. E a oportunidade sempre surgirá; é típico dela aparecer bem quando as coisas parecem ir melhor do que nunca. Aquecidos no calor de uma falsa segurança, abrimos a guarda. Se o empreendimento não é renovado em tempo, a podridão se espalha, corrompendo toda a sociedade.

Dos incontáveis exemplos de grandes impérios que selaram a própria ruína abandonando a virtude exatamente quando as coisas pareciam mais gloriosas, o declínio do Império Otomano talvez tenha sido mais bem compreendido na época em que ocorreu. Os turcos otomanos chegaram ao auge em meados do século XVI sob a liderança de um dos maiores governantes da história, Suleimã, o Magnífico. Naquele exato momento, Lutfi Pasha, o já aposentado grão-vizir de Suleimã, viu os primeiros e terríveis passos que conduziam ao caminho da corrupção. Ele viu os erros fatais de sempre: "venalidade e incompetência; a multiplicação de um exército e uma burocracia inúteis e perdulários; o círculo vicioso de rigidez financeira, rapacidade fiscal e estrangulamento econômico; a decadência da integridade e da lealdade; e, acima de tudo, a sombra crescente e ameaçadora das nações marítimas do Ocidente".[12]

Lutfi Pasha pediu que Suleimã voltasse aos princípios que haviam feito grande o império, suplicando-lhe que, acima de tudo, exercesse seu poder pessoal e seu prestígio contra a onda crescente de favoritismo em nomeações importantes. Mas assim não estava escrito. Em meados do século seguinte, o principal conselheiro do sultão Murad IV, Kochu Bey — geralmente chamado de "o Montesquieu turco" pela elegância e sutileza de seu pensamento — escreveu um memorando devastador sobre o estado do império. Os pontos principais da sua crítica poderiam formar a base de um manual de "não deves" maquiavélicos para líderes:

- Os sultãos se afastaram da supervisão direta do Estado.
- O cargo de grão-vizir, segunda posição mais importante, foi aviltado quando o transformaram numa nomeação política e, portanto, "sujeita a todo tipo de interferência por parte de favoritos palacianos e, a qualquer momento, passível de demissão sumária, confisco e até execução".
- Outras posições-chave, incluindo o ingresso nos corpos de elite das Forças Armadas, tornaram-se disponíveis a qualquer um que esteja disposto a pagar o suborno apropriado, e as "nomeações para cargos por meio de compra ou favor se generalizaram — mesmo para cargos religiosos como os de juízes".

---

12. Bernard Lewis, "Ottoman Observers of Ottoman Decline", em Bernard Lewis (org.), *Islam in History* (Chicago e La Salle, 1993), p. 212.

Se a corrupção derrubou o Império Otomano, ela poderá facilmente destruir empreendimentos menos gloriosos. A sabedoria da profunda preocupação de Maquiavel com a corrupção foi recentemente redescoberta pelas principais instituições financeiras do mundo.

O Fundo Monetário Internacional e o Banco Mundial estão dizendo claramente aos países em desenvolvimento com maus governos para acabarem com a roubalheira ou perderem o dinheiro. Pela primeira vez, os banqueiros estão desafiando abertamente os políticos. (...)
Nos cinqüenta países que visitou, James Wolfensohn [presidente do Banco Mundial] disse: "A corrupção é a maior questão na mente dos eleitores e o maior fator inibidor isolado para o investimento privado."[13]

O notável é que as observações de Wolfensohn foram feitas antes da eclosão da crise financeira asiática, que revelou corrupção bem maior do que qualquer um teria imaginado. O modelo da crise foi o Japão, que em meados dos anos 90 caiu na armadilha da podridão moral e intelectual descrita por Maquiavel. Em vez de dar oportunidades crescentes ao seu povo, que é amplamente admirado por ser o mais bem-educado do mundo, a elite japonesa insistiu em manter um alto grau de planejamento central. Era raro as decisões corporativas importantes serem tomadas livremente pelos executivos da empresa; com mais freqüência, eram negociadas com planejadores do governo, com outros capitães da indústria, com uma multidão de banqueiros e líderes sindicalistas, além da onipresente máfia nacional. A concorrência era moderada e, em al-

---

13. Harry Dunphy (Associated Press), "IMF, World Bank Link Aid to 'Good Governance'", *Washington Times*, 21 de agosto de 1997.

guns casos, eliminada em favor de um consenso negociado dentro da comunidade industrial/financeira ou seguindo instruções diretas dos planejadores. Os trabalhadores eram recompensados pela sua cooperação com contratos praticamente vitalícios. O impressionante crescimento da indústria japonesa, em especial a partir de meados dos anos 70, convenceu muita gente, na Ásia e no Ocidente, de que o modelo norte-americano tinha sido suplantado pelo "capitalismo asiático", e que qualquer país que não adotasse os métodos japoneses estava fadado ao fracasso. Eles não só esqueceram o alerta de Maquiavel, de que as coisas estão constantemente mudando, como também ignoraram seu comentário de que os grandes empreendimentos são criados por poucos, porém mais bem mantidos por muitos.

Muitos japoneses embarcaram na mesma ilusão. Banqueiros japoneses, incentivados pelo pessoal do planejamento central, fizeram empréstimos substanciais para empresas que não valiam o risco. Como sempre, a relação íntima entre governo e empresas produz a corrupção de ambos: os funcionários do governo não insistiam na observância dos padrões adequados, em parte porque recebiam substancial suborno de banqueiros, industriais e mafiosos. Tal como as "pirâmides" altamente alavancadas do mercado de ações norte-americano na década de 1920, grande parte do *boom* japonês nos anos 80 e início dos 90 foi o resultado de conivência e práticas contábeis criativas, não um aumento do valor real. Entraram então os investidores estrangeiros e, no início dos anos 90, o valor de mercado dos imóveis no centro de Tóquio era mais alto do que o de qualquer outro nos Estados Unidos. Essa foi a chamada "bolha de prosperidade econômica". Assim como ocorreu no mercado de ações norte-americano às vésperas da grande depressão de 1929, o sistema funcionou bem enquanto o dinheiro novo continuava entrando, mas toda a estrutura entrou em colapso no instante em que os investidores decidiram se retirar. Quando a "bolha" explodiu em meados e final dos anos 90, o valor dos imóveis caiu mais de 60% e o iene foi desvalorizado em 40%. Enquanto os emprestadores bracejavam para proteger seus ativos, descobriu-se que muitos bancos norte-americanos e europeus tinham feito empréstimos substanciais sem sequer examinar os balanços de seus credores. O padrão se repetiu em outros países asiáticos, da Tailândia e Indonésia até a Coréia.

O frenesi emprestador asiático foi em cada detalhe tão irracional — e em cada detalhe tão corrupto — quanto quaisquer outros dos famosos *booms* especulativos da história, como, por exemplo, o frenesi das tulipas holandesas no século XVII. A ânsia por espécimes raros de tulipas elevou aos céus o preço dos bulbos, criando em microcosmo um sistema de mercado completo, de operações a termo e opções de compra até agências reguladoras governamentais. Nos estágios finais do *boom*, táticas violentas eram regularmente usadas por homens ambiciosos que tentavam monopolizar o mercado de flores e bulbos raros.

> Um sapateiro de Haia (...) finalmente conseguiu desenvolver uma tulipa negra. Foi visitado por alguns agricultores da cidade de Haarlem, aos quais vendeu seu tesouro por 1.500 florins. Tão logo a venda foi efetivada, um dos compradores jogou a tulipa no chão e pisou-a até transformá-la numa polpa informe. O sapateiro ficou horrorizado. Os compradores então lhe explicaram que também eles possuíam uma tulipa negra e que tinham destruído aquele espécime para proteger a singularidade da deles. Teriam pago qualquer quantia: 10.000 florins, se necessário. Diz-se que o inconsolável sapateiro morreu de tristeza.[14]

---

14. John Train, *Famous Financial Fiascos* (Burlington, VT, 1995), p. 12.

O arquétipo do *boom* fraudulento é a vigarice conhecida como "esquema Ponzi", que ganhou esse nome por causa do imigrante italiano que, nos Estados Unidos da década de 1920, oferecia aos investidores taxas de juros sempre crescentes; desse modo, gerava uma torrente contínua de investimentos que lhe permitia pagar os investidores anteriores com o dinheiro recém-entrado e assim por diante. Os mercados financeiros e imobiliários japoneses foram uma versão "tempos modernos" do esquema de Ponzi: toda a operação era lubrificada por subornos pagos aos homens que tomavam as decisões-chave, tanto na indústria quanto no governo. O frenesi também foi estimulado por uma forma mais sutil de corrupção, num nível mais elevado. Instituições financeiras internacionais, como o Banco Mundial e o Fundo Monetário Internacional, cobriam repetidamente as perdas dos bancos privados nos países problemáticos (o caso mais recente é o do México, em 1995). Em vez de exigir que governos, bancos e corporações fossem responsabilizados por suas ações imprudentes, o Banco Mundial e o FMI faziam empréstimos a juros baixos aos países ameaçados, de modo que todas as dívidas pudessem ser pagas aos emprestadores. Estes últimos, portanto, eram corrompidos por aquilo que os economistas elegantemente chamam de "risco moral":

> Quando há garantias de que algumas ou todas as perdas de uma instituição serão transferidas aos contribuintes (por meio de seguros favorecidos, cobertura do FMI ou outras garantias protetoras), enquanto os ganhos serão conservados pelos donos dessa instituição, a instituição será levada a assumir riscos excessivos.[15]

---

15. Allan H. Meltzer, *Moral Hazard Goes Global: The IMF, Mexico, and Asia* (Washington, D.C., janeiro de 1998).

Na verdade, a questão do risco costuma ser totalmente ignorada pelos bancos. E por que não? Se você sabe que as suas perdas serão cobertas, seja pelo governo local ou pelas gigantescas instituições internacionais, então você não precisa ser prudente. Num sistema assim, onde você pode ganhar ou empatar, mas nunca perder, a corrupção é inevitável. Em vez de procurar o melhor risco ou o investimento mais promissor, os endinheirados procurarão quem oferece a cobertura mais total.

Maquiavel condenaria a cobertura do esquema asiático (apressadamente organizada pelo FMI e seus principais contribuintes) porque os corruptos que produziram o desastre não foram punidos; eles permaneceram em seus cargos. Ao contrário da venda de uma massa falida, que teria afastado muitos dos fracassados emprestadores e gerentes, a cobertura do FMI tirou dinheiro dos contribuintes de países bem-sucedidos e o redistribuiu para empresas corruptas e seus credores. Não se estimula a virtude obrigando o virtuoso a pagar os custos do pecador. Estimula-se a virtude punindo o pecador.

Os investidores, tal como os eleitores, sempre cometem erros, e os mercados são tão vulneráveis aos excessos de entusiasmo quanto os eleitorados. Mas na economia, como na política, a melhor esperança para o comportamento racional é a responsabilidade assumida por um grande número de pessoas. As elites, conforme observa Maquiavel, substituem com demasiada freqüência o bem comum pelos seus interesses pessoais. É por isso que Maquiavel prefere a república à monarquia, e é por isso que as economias de mercado — o equivalente econômico da democracia política — são superiores ao planejamento central. No caso asiático, em 1997 o governo dos Estados Unidos bloqueou um plano japonês para fazer com que cada país da região lidasse com sua própria crise — um plano que teria economizado dez bilhões de dólares aos contribuintes norte-americanos. No ano seguinte, os

Estados Unidos pediram a cobertura maciça do FMI. Diz Lawrence Lindsey, ex-diretor do Federal Reserve, que um importante banqueiro da Europa Central lhe afirmou que "o único motivo que eu [o banqueiro] encontro para a recusa dos Estados Unidos em cooperar é que os funcionários do Tesouro [norte-americano] queriam ser vistos desempenhando um papel". Lindsey teria respondido acidamente que "as contribuições dos Estados Unidos para uma cobertura têm tanto a ver com a construção de um império burocrático quanto com a resolução de uma crise econômica".[16] Maquiavel expõe essa idéia na sua forma mais severa: "Os excessos do povo são dirigidos contra aqueles a quem o povo suspeita de interferir com o bem público; enquanto os excessos do príncipe se dirigem contra aqueles a quem o príncipe receia que interfiram com seus interesses individuais."[17]

Maquiavel, portanto, estava totalmente certo ao afirmar que o povo está mais qualificado para manter um bom Estado do que um único governante. O público geralmente é menos corrupto do que os líderes e se preocupa muito mais com a corrupção do que as elites. O povo pode ser enganado por charlatães inteligentes, mas Maquiavel acha que, na maioria dos casos, o povo tem probabilidades bem maiores de escolher líderes virtuosos. De todo modo, dada a podridão da natureza humana, a escolha popular de líderes corruptos é uma ameaça constante, mesmo nas democracias virtuosas. Alexis de Tocqueville sabia que

...o que se deve temer não é tanto a imoralidade dos grandes quanto o fato de que essa imoralidade possa levar à grandeza. (...) O povo é induzido — corretamente, na

---

16. Lawrence B. Lindsey, *The Benefits of Bankruptcy* (Washington, D.C., janeiro de 1998), p. 3.
17. *Discursos*, I, 58.

maioria dos casos — a imputar o sucesso [de um líder] a alguns de seus vícios. Forma-se, assim, uma odiosa conexão entre as idéias de torpeza e poder, indignidade e sucesso, utilidade e desonra.

Se o povo acredita que seus líderes alcançam o poder *porque* são corruptos, isso significa que todo o empreendimento foi desacreditado. Quando a "odiosa conexão entre as idéias de torpeza e poder" se estabelece na mente do público, a corrupção se espalhará como fogo na mata. Todas aquelas poderosas paixões que Maquiavel tão bem compreende sobrepujarão as leis e instituições virtuosas, e o bem comum será sufocado na busca por mais e mais. E, como continua Tocqueville, embora esses segredos sujos geralmente sejam escondidos numa ditadura, eles emergem rapidamente nas sociedades livres:

> O povo nunca penetrará no escuro labirinto das intrigas palacianas e sempre terá dificuldade em perceber a torpeza que espreita sob os modos elegantes, os gostos refinados e a linguagem graciosa. Contudo, pilhar a bolsa do povo e vender os favores do Estado são artes que o mais ordinário vilão compreende e espera praticar por sua vez.[18]

Reconhecemos essa linguagem; ela é o nosso pão de cada dia. A fatal conexão entre poder e torpeza está hoje profundamente enraizada na mente dos cidadãos de todos os países do mundo. Nos Estados Unidos, dificilmente se passa uma semana sem surgirem novos exemplos da corrupção sistemática da classe política, começando com o presidente Clinton e seus colaboradores mais chegados. Na Índia, tantos políticos estão sendo levados a julgamento

---
18. Alexis de Tocqueville, *Democracy in America* (Nova York, 1972), pp. 226/7.

que hoje existe um "partido dos culpados". O México desova uma administração corrupta atrás da outra. Na Itália, o ex-premiê Silvio Berlusconi enfrenta um julgamento em Milão enquanto o expremiê Giulio Andreotti é julgado em Palermo. O primeiro-ministro espanhol Felipe Gonzalez foi obrigado a antecipar as eleições que acabariam com o seu longo mandato, devido a acusações de malversação financeira e irregularidades na luta antiterrorismo. Políticos e empresários franceses, de todo o espectro político, foram destruídos pelos juízes. Na Bélgica, dois ex-ministros das Relações Exteriores foram considerados culpados nas investigações de suborno em contratos militares (um deles, Willy Claes, perdeu o cargo de secretário-geral da OTAN). O governo do primeiro-ministro John Major, na Grã-Bretanha, tornou-se motivo de riso depois que muitos dos seus luminares foram forçados a renunciar devido a transgressões financeiras e sexuais. Na Polônia, o primeiro-ministro Oleksy foi forçado a renunciar durante investigações sobre suas antigas conexões com a KGB. Na Colômbia, o presidente Santer pediu uma investigação dos fundos da sua própria campanha eleitoral. Ex-oficiais do serviço secreto militar da África do Sul foram levados a julgamento, ao lado do ex-presidente P.W. Botha, e crescem os pedidos para que se investigue o Congresso Nacional Africano, de Nelson Mandela. O Japão, país mais infestado de escândalos do mundo, oscila de uma revelação grotesca para outra, à medida que políticos e líderes empresariais, antes intocáveis, sobem e caem com espantosa freqüência, às vezes forçados pela vergonha a tirar a própria vida. Na Coréia do Sul, antigos e atuais líderes militares e empresariais enfrentam julgamento, enquanto uma onda de suicídios acompanhou as investigações parlamentares sobre a corrupção em Taiwan. A Rússia talvez seja a primeira das grandes potências a cair sob o controle total do crime organizado, e mesmo na China, com os instrumentos de repressão ainda praticamente intactos, as acusações de corrupção em altos cargos estão se tornando cada vez mais freqüentes. Os ex-presidentes do Peru e da Venezuela estão sendo julgados e a autoridade de Fujimori, presidente do Peru, foi minada pelo escândalo. A meia-vida dos líderes políticos escandinavos diminui a cada mês. Nos Estados Unidos, três porta-vozes da Câmara dos Deputados, dois democratas e um republicano, foram apeados do poder em função de escândalos; e o antigo porta-voz Gingrich pagou uma grande soma num acordo negociado com base nas descobertas de malversação pelo Comitê de Ética.

À medida que a corrupção ou as acusações de corrupção crescem, o povo clama por castigo, esperando que a podridão possa ser eliminada. Implora-se aos líderes que erradiquem a corrupção e restaurem a virtude no país. Kochu Bey pediu que o sultão reafirmasse sua autoridade, extirpasse os malfeitores e restaurasse a virtude. "No Dia do Juízo", implorou ele, "não os ministros, mas os reis serão chamados a prestar contas e não lhes caberá o recurso de dizer ao Senhor dos Mundos que 'eu deleguei esse poder'." Mas suplicar por reformas ao líder de um empreendimento corrupto é o mesmo que pedir à cafetina para instituir a castidade no bordel. A podridão começa no topo e não pode ser sanada pelos próprios líderes corruptos. É preciso novos líderes, com vontade de ferro, para desenraizar a corrupção e restabelecer o Estado virtuoso, ou então instituir um novo Estado.

Apesar de toda a sua admiração pela sabedoria do povo, Maquiavel teme que a democracia precise ser sacrificada se for necessário resgatar a liberdade.

O NOVO PRÍNCIPE

Quando a corrupção toma conta de um país livre, este se encaminha para a tirania. Quebra-se a delicada e vital relação entre as boas tradições e as boas leis, e sobem ao poder líderes que buscam o próprio engrandecimento pessoal. O tema da virtude é eliminado do discurso público. Quem duvida da exatidão da análise de Maquiavel deveria considerar as eleições presidenciais norte-americanas de 1996: os candidatos republicanos, Bob Dole e Jack Kemp, anunciaram que não usariam o "caráter" de Bill Clinton como tema da sua campanha. A recusa em tornar os funcionários públicos responsáveis por suas práticas corruptas fortalece a percepção do público de que a torpeza e o poder estão inseparavelmente ligados e solapa até mesmo as melhores leis e instituições. É inevitável que, com o passar do tempo, a própria liberdade seja esmagada.

Num Estado corrupto, observa cruelmente Maquiavel, mesmo "as melhores leis de nada servem, a menos que sejam administradas por um homem de tão supremo poder que possa fazer as leis serem observadas até que as massas tenham sido devolvidas a uma condição saudável".[19] Somente um líder forte, resoluto e virtuoso salvará da ruína o empreendimento. Paradoxalmente, a preservação da liberdade talvez exija o governo de um único líder — um ditador — disposto a utilizar aquelas terríveis "medidas extraordinárias, que poucos sabem ou querem empregar". Nem precisamos que nos lembrem a lista infame dessas medidas extraordinárias: um líder, nessas circunstâncias drásticas, "será freqüentemente compelido, a fim de preservar o Estado, a agir contra a lealdade, contra a caridade, contra a misericórdia, contra a religião".[20]

Maquiavel odeia os tiranos com todas as fibras da sua alma; ele não poupa adjetivos ao denunciá-los e dedica muita energia à análise dos meios de tirá-los do poder. Maquiavel não perdeu a fé democrática. Quando pede um breve período de governo férreo, está escolhendo dos males o menor: se a corrupção continuar, uma ver-

---

19. *Discursos*, I, 17.
20. *O Príncipe*, 18.

dadeira tirania será apenas questão de tempo (tornando ainda mais difícil restaurar as instituições livres), enquanto a liberdade será preservada se for possível encontrar um homem bom que devolva a ordem ao Estado. Assim como, às vezes, é preciso recorrer temporariamente a más ações para alcançar objetivos dignos, também um período de ditadura às vezes é a única esperança da liberdade. Se, num Estado corrupto, a liberdade "tiver de ser introduzida ou mantida, então será necessário reduzir esse Estado a uma forma de governo monárquica, e não a uma republicana; pois aqueles homens cuja turbulência nunca seria controlada pela simples força da lei (...) só serão controlados por um poder quase real".[21]

O paradoxo não é tão grande como pareceria à primeira vista. Basta considerar o herói favorito de Maquiavel, Moisés, para compreender o que ele tem em mente. Moisés exerceu o poder ditatorial, mas esse terrível poder foi utilizado para criar liberdade. Se os israelitas tivessem sido capazes de abraçar a liberdade e a virtude, seja no monte Sinai ou às margens da Terra Prometida, então Moisés não precisaria ter recorrido a medidas extraordinárias. Mas eles falharam, e Moisés foi forçado a liderar.

Não devemos nos sentir ultrajados pelo pedido de Maquiavel de uma ditadura temporária como meio de revigorar ou de restaurar a liberdade. Já vimos isso em ação; na verdade, já fizemos isso em tempos recentes e com grande sucesso. Por exemplo, quando os Estados Unidos destacaram o general Douglas MacArthur para servir como ditador temporário do Japão logo após a Segunda Guerra Mundial. MacArthur eliminou os militaristas e impôs uma Constituição democrática, cujo sucesso foi evidente para todo mundo. O mesmo foi feito na Alemanha. Acaso os Julgamentos de Nuremberg não são um caso clássico de "medidas extraordinárias"? Os Aliados "desnazificaram" a Alemanha, enforcaram mui-

---
21. *Discursos*, I, 18.

tos dos principais líderes do Terceiro Reich e obrigaram todos os adultos a responder a questionários detalhados sobre suas atividades e associações durante o governo de Hitler. Eles barraram das posições de poder e influência cívica todos os que tinham participado ativamente do regime nazista. E então, tal como fizeram no Japão, impuseram uma Constituição democrática e mantiveram um exército de ocupação para garantir que ela fosse respeitada. Na Itália, terceiro elemento do Eixo, os Aliados expulsaram os exércitos nazistas e depois apoiaram o governo de transição que realizava um expurgo semelhante àquele feito na Alemanha e no Japão.

A história sangrenta da ascensão e queda do nazi-fascismo poderia ter sido tirada diretamente dos cadernos de notas de Maquiavel. A Itália e a Alemanha eram nações altamente civilizadas e tinham criado sistemas políticos vigorosamente democráticos. Porém, com o passar do tempo, elas se afastaram das virtudes cívicas e se tornaram tiranias totalitárias. Tal como predisse Maquiavel, os tiranos só subiram ao poder depois que o povo se corrompeu, conforme prova o fato de que o nazi-fascismo era um movimento de massas; Hitler e Mussolini chegaram ao poder na crista de uma grande onda de genuína popularidade. Cada um deles tinha se tornado a figura política mais popular de seu país e os partidos fascista e nazista atraíam mais apoio do que quaisquer outros. Os regimes de Hitler e Mussolini permaneceram imensamente populares e a oposição, na Itália e na Alemanha, nunca atraiu suficiente apoio político interno a ponto de representar uma ameaça séria. Em ambos os casos, a oposição provinha apenas de pequenas elites. Mussolini foi apeado do poder por um golpe organizado por oficiais de primeiro escalão do regime, e só então ficou claro que a guerra estava irremediavelmente perdida. Houve um complô semelhante para assassinar Hitler, mas os conspiradores não tiveram sorte. Contudo, exatamente como Maquiavel sabia que aconteceria, o espírito da liberdade continuava a viver no povo e, desse modo, os Aliados vitoriosos puderam restaurar a democracia. Mas a restauração da democracia teve de vir de fora dos sistemas corruptos; alemães, italianos e japoneses não poderiam fazê-lo eles próprios, tal como os povos do Império Soviético nunca teriam conquistado sua liberdade sem a vitória ocidental na Guerra Fria.

Os Julgamentos de Nuremberg representam exatamente o que Maquiavel tinha em mente quando falava do uso de um poder quase real para salvar uma república corrupta; uma perseguição implacável do antigo regime e dramáticas execuções públicas dos principais criminosos, produzindo assim no povo a catarse e o medo reverente pelo vingador que veio para acertar as coisas temporariamente. Algo do tipo que os Estados Unidos deveriam ter imposto às caídas tiranias do Império Soviético. Deixando de obrigar os tiranos comunistas a prestar conta de seus atos, o Ocidente permitiu que as velhas elites se reciclassem como empresários e políticos, desacreditando com isso tanto os negócios quanto a política.

O comportamento do Ocidente no fim da Guerra Fria violou a ordem maquiavélica de que você deve permanecer fiel às suas próprias regras. Em vez de insistir em obrigar os tiranos comunistas a prestar contas, os líderes ocidentais — de George Bush a Helmut Kohl e François Miterrand — jamais levantaram a questão e, com raras exceções, os ditadores do Bloco Soviético nunca foram acusados de atividades criminosas. Isso foi um enorme revés à causa da liberdade e enfraqueceu seriamente a autoridade dos governos recém-instalados. Lembremos a lição de Maquiavel: o medo se apóia no "terror da punição". Os novos democratas, por terem deixado de punir os tiranos, eram insuficientemente temidos pelo povo e, assim, incapazes de governar efetivamente.

Deixar de punir os tiranos comunistas violou outra das regras de Maquiavel para a salvação dos empreendimentos corrompidos: você deve defender os princípios sobre os quais se apóia a sua sociedade. Num capítulo dos *Discursos* intitulado "É mau exemplo ignorar a lei, especialmente pelo seu autor...", Maquiavel fala da época em que Savonarola, apesar de grande oposição em Florença, conseguiu passar uma lei permitindo que os condenados apelassem da sentença. Logo depois, porém, Savonarola negou esse direito a cinco homens condenados à morte por conspirarem para trazer os Médici de volta ao poder, e Maquiavel escreveu: "Isso arruinou sua reputação mais do que qualquer outro ato."[22] Do mesmo modo, Maquiavel teria julgado severamente homens como George Bush e James Baker por fracassarem em impor aos seus inimigos os padrões virtuosos das sociedades livres. Maquiavel castigaria o FMI e seus apoiadores por fracassarem em impor os padrões virtuosos do mercado; e denunciaria Bill Clinton por esses dois pecados e também por violar as proibições, que ele próprio criou, contra o abuso sexual.

Os homens de negócios sabem que a melhor maneira de devolver a saúde às corporações corrompidas é por meio de métodos ditatoriais. Nossas leis permitem que essas empresas sejam colocadas "sob intervenção" para enfrentar as crises. O mesmo foi feito ao Distrito de Colúmbia no final dos anos 90, depois que a capital norte-americana ficou totalmente corrompida durante o mandato do prefeito Marion Barry, e à cidade de Nova York nos anos 70.

O problema é encontrar um líder adequado, um homem bom e disposto a entrar no inferno para alcançar bons fins. Esses homens são escassos; os homens bons fogem do mal e os homens maus não estão interessados em bons fins.

Será extremamente raro encontrar um homem bom que esteja disposto a usar de meios perversos para se tornar príncipe, muito embora seu objetivo final seja bom; ou que um homem mau, depois de se tornar príncipe, este-

---

22. *Discursos*, I, 45.

ja disposto a trabalhar pelo bem e se sinta atraído a usar bem aquilo que adquiriu por meio do mal.[23]

Foi por isso que Maquiavel escreveu *O Príncipe*, que é simultaneamente um documento para recrutar um novo príncipe e um manual para o seu governo. Maquiavel não é otimista a ponto de esperar encontrar o homem certo, sabendo muito bem que líderes como Moisés são raros. Sem esse novo príncipe, a queda de um regime corrupto geralmente leva apenas a mais corrupção, corrói ainda mais a liberdade e aumenta as probabilidades de uma tirania duradoura. Quase cinco séculos depois, a própria pátria de Maquiavel oferece um claro exemplo desse problema.

Do fim da Segunda Guerra Mundial até o fim da Guerra Fria, o sistema político italiano ficou bloqueado porque o maior partido de oposição, o Partido Comunista, ameaçava tanto a democracia italiana quanto a estabilidade da Aliança Ocidental. Os líderes políticos passavam décadas no poder. Dentre eles, a figura arquetípica é Giulio Andreotti, cuja carreira começou com o cargo de assistente do primeiro premiê do pós-guerra e terminou logo depois da queda do Muro de Berlim. Fadados a permanecer no poder ou na oposição, todos os partidos mergulharam na corrupção, produzindo um elaborado sistema de subornos e gratificações que enriqueceu empresas e partidos de acordo com o seu peso político. O último partido político a se tornar um participante importante nesse sistema foi o Partido Socialista, e o responsável por esse feito, que levou os socialistas ao poder nacional, foi Bettino Craxi. Tendo chegado atrasados às tetas públicas, os socialistas tinham pressa de alcançar seus pares; a quantidade de subornos e gratificações parece ter aumentado durante os anos de Craxi como primeiro-ministro no começo da década de 80, e continuou depois, quando ele e Andreotti cooperavam na divisão da pilhagem.

---

23. *Discursos*, I, 45.

Craxi foi, de várias maneiras, um líder destacado. Ele estava entre o punhado de políticos corajosos que liderou a luta parlamentar para permitir a instalação de mísseis Cruise e Pershing em solo italiano, privando assim a União Soviética da oportunidade de chantagear a Europa Ocidental com uma nova geração de mísseis de médio alcance. E Craxi era uma ameaça mortal para os comunistas, a quem ele desafiava incessantemente em todas as instâncias. Sem ele, o comunismo talvez não tivesse sido derrotado. Sem ele, talvez o renascimento da Itália enquanto grande força política nunca tivesse ocorrido.

Além disso, Craxi era um político excepcional. Ele organizou um golpe bem-sucedido para se apoderar do Partido Socialista no final dos anos 70 e, dentro de poucos anos, tornara-se primeiro-ministro, muito embora seu partido jamais tenha recebido sequer 15% dos votos populares. Essas conquistas extraordinárias o habilitaram, no auge do poder, a escrever uma introdução a uma nova edição de *O Príncipe*. Craxi caiu em desgraça em meio aos grandes escândalos do começo dos anos 90, quando a vasta rede de corrupção foi exposta pelos juízes politicamente ativos que mais tarde esmagariam Berlusconi. Eu não sei se Craxi e seus associados eram mais corruptos do que seus predecessores, mas eles criaram uma imagem de *dolce vita* que os distinguia significativamente de todas as outras organizações políticas italianas. Durante os anos de Craxi, os socialistas estavam invariavelmente no centro das festas mais luxuosas e os ministros socialistas viviam rodeados das mais belas mulheres. Os membros do Partido Democrata Cristão, que os precedera, eram figuras totalmente apagadas e, embora fossem os criadores do sistema corrupto, não alardeavam suas riquezas. Os comunistas também eram corruptos, mas sua grande disciplina interna mantinha em segredo o volume da sua riqueza e as fontes de suas gratificações, as quais incluíam subsídios diretos de Moscou, em dinheiro, e comissões sobre praticamente todas as transações comerciais entre a Itália e a União Soviética. Eles estavam tão certos da confiabilidade do seu pessoal que geralmente descreviam a si mesmos como "o partido com as mãos limpas".

Isso já não acontecia com os socialistas, que pagaram um preço terrível pelos seus prazeres e por deixarem de perceber que mesmo o sistema italiano poderia mudar. Depois de iniciado o grande expurgo, Craxi foi amplamente "demonizado" como sumo sacerdote da corrupção. Seu julgamento, em Milão, foi transmitido ao vivo em cadeia nacional de televisão e o país inteiro praticamente parou enquanto as pessoas assistiam ao dramático confronto entre o expremiê e um jovem e agressivo promotor. Multidões enfurecidas faziam plantão diante do seu hotel, em Roma, atirando moedas nele sempre que entrava ou saía. Condenado e sentenciado a várias penas de prisão, Craxi fugiu do país e se abrigou numa confortável *villa* em Hamamet, na Turquia. Hoje em desgraça, exilado e com a saúde deteriorada, a íngreme queda de Craxi do topo do poder exemplifica os alertas de Maquiavel: a corrupção pode destruir até mesmo os líderes mais bem-sucedidos; e os que caem do poder receberão apenas a ingratidão daqueles que um dia lideraram.

Mas nenhum novo príncipe se adiantou para pôr as coisas na devida ordem. Já descrevemos o fracasso de Berlusconi e os homens de centro-esquerda que o sucederam concentraram suas energias para consolidar o próprio poder, não para quebrar o elo entre governo e negócios, que está no cerne da corrupção nacional. Pelo contrário: o governo pós-Berlusconi realmente se destacou na arte de colocar aliados políticos no topo das corporações, e a maioria das privatizações, que poderiam ter enfraquecido o papel do Estado, apenas transferiu fundos do Tesouro para banqueiros e industriais de confiança. O controle continua nas mãos dos líderes políticos e qualquer ameaça à sua hegemonia é rapidamente neutralizada pelos juízes, que ainda não processaram nenhum dos líderes de esquerda que faziam parte da corrupção. Inevitavelmente, os subornos e gratificações retornaram.

Talvez tivesse sido possível para a Itália se livrar da maioria dos líderes corruptos, mas isso teria exigido um esforço monumental para destruir não só todos os velhos partidos políticos como também o vasto controle estatal sobre as grandes indústrias. Essa tarefa só poderia ser realizada por um líder excepcional, ou por alguma força externa. Nenhum deles apareceu.

Tanto no Japão e na Alemanha do pós-guerra quanto em Washington e naquela Nova York à beira da bancarrota, novos príncipes vindos de fora e representando poderes incorruptos impuseram reformas a empreendimentos falidos. Isso é bem mais fácil do que encontrar dentro do sistema corrupto um líder irredutível, com excepcional determinação e qualidades morais exemplares, um líder disposto a fazer aquelas coisas más que são as únicas capazes de salvar a liberdade.

Contudo, é possível encontrá-lo. Abraão Lincoln, que mostrou poucos sinais de grandeza antes da terrível crise da União, descobriu dentro de si mesmo tanto a coragem moral quanto a vontade de entrar no mal — travando uma das mais sangrentas guerras da história para promover a liberdade nos Estados Unidos. E quando o Império Otomano finalmente foi esfacelado na Primeira Guerra Mundial, um militar, Kemal Ataturk, usou o exército para defender a Turquia, desbaratar os inimigos da pátria, transformar completamente seu país e colocá-lo no caminho da liberdade. Como Maquiavel tão sabiamente previa, tanto Lincoln quanto Ataturk relutavam em se incumbir das suas grandes missões. Lincoln tentou preservar a União por todos os meios, e só foi à guerra como último recurso. Ataturk tentou preservar o governo otomano, e só o aboliu quando as alternativas se tornaram impossíveis. No fim, Lincoln ganhou a guerra civil, preservou a União e aboliu a escravidão; Ataturk ganhou a guerra interna, aboliu o governo otomano e criou um Estado turco secular, que renunciou à sua reivindicação histórica de ser o guia legítimo do mundo islâmico. Com o tempo, a Turquia tornou-se uma república parlamentarista.

A força da virtude de Ataturk sobreviveu a ele, comprovando o princípio maquiavélico de que o governo ditatorial temporário pode ser usado para resgatar a república da corrupção e das crises. Como vimos, quando a Turquia, no final dos anos 70, se viu mergulhada na maior onda de terrorismo em massa já registrada, o exército tomou o poder, eliminou o terrorismo, reestruturou a república e voltou aos quartéis, deixando o país nas mãos hábeis de Turgut Ozal. Quase vinte anos depois, em 1997, o exército interveio novamente, dessa vez sem exercer diretamente o poder, para derrubar uma coalizão governamental composta de um corrupto partido secular e forças islâmicas que tentavam impor instituições religiosas à república de Ataturk.

Esses foram homens excepcionais. Na maioria das vezes, os empreendimentos que se vêem nessas situações dificílimas não são salvos; caminham para a ruína, destruídos ou escravizados. Mesmo grandes líderes como Lincoln e Ataturk só conseguiram triunfar depois de grandes banhos de sangue e de muito sofrimento. Os líderes sábios, os homens e mulheres virtuosos que Maquiavel tenta educar, lutam arduamente para impedir as crises terríveis — desse modo, os remédios drásticos contidos em *O Príncipe* não serão necessários.

CONCLUSÃO

Mesmo depois de meio milênio, o conselho de Maquiavel aos líderes é tão contemporâneo quanto o dia de hoje. Ele vai à essência, sempre. Ele não nos permite o conforto das generalizações fáceis ou dos moralismos tranqüilizadores. Ele quer que os líderes joguem pelas mais altas de todas as apostas — o progresso do empreendimento humano e a defesa do bem comum — e se enfurece quando vê líderes de corporações, religiões, exércitos e nações ignorando as regras básicas do poder.

Maquiavel ganhou má fama por causa do seu conselho aos candidatos a líder que enfrentavam crises fatais, mas a maioria das suas regras de poder é para os líderes em circunstâncias comuns. Ele acredita que, se essas regras forem vigorosamente aplicadas, as crises serão menos prováveis e as medidas drásticas não serão necessárias. Não estou dizendo que a liderança é para os irresolutos; qualquer pessoa numa posição de poder estará sob o ataque constante de indivíduos ansiosos para dominá-la. Os que exercem o poder devem estar preparados para lutar a todo tempo.

As regras de Maquiavel se apóiam numa claríssima visão da natureza humana. Se você acha que as pessoas são essencialmente boas e, quando deixadas por conta própria, criarão comunidades amorosas e bons governos, você nada aprendeu com ele. O mundo de Maquiavel é habitado por pessoas mais inclinadas a fazer o mal do que o bem, cujos instintos são claramente anti-sociais. Assim são as pessoas que você tem como chefes ou seguidores, colegas e empregados e, acima de tudo, como concorrentes e inimigos. A única maneira de dominar os seus oponentes e fazer seus amigos e aliados trabalharem em conjunto é usar o poder efetivamente.

Os líderes devem abrir caminho lutando até o topo e, depois, proteger-se contra a corrupção que inevitavelmente se instala tão logo eles têm sucesso. Essa segunda batalha é a mais difícil, pois não é travada contra inimigos óbvios e, sim, contra amigos, colegas, concidadãos e conselheiros de confiança — e mesmo contra os próprios impulsos egoístas. Essas regras são particularmente urgentes para nós, já que corremos perigo evidente de cair na corrupção. As eleições presidenciais norte-americanas de 1996 puseram Bill Clinton — cuja imagem nos vem à mente nas páginas onde Maquiavel descreve os "Estados efeminados e os líderes indolentes" — contra Bob Dole, o homem que achava que a virtude era um tema inadequado para debate político. Maquiavel nos ensina que a virtude é, de longe, o mais importante de todos os temas. Um país que não discute a virtude e acha que seus líderes devem responder por sua corrupção está desesperadamente precisando de renovação.

Maquiavel pergunta: "O povo tornou-se corrupto? Se isso não ocorreu, então os meios tradicionais de renovação nacional devem funcionar, desde que uma liderança virtuosa seja encontrada em tempo." Os Estados Unidos utilizaram diversos meios de renovação ao longo de sua história, desde periódicos renascimentos religiosos (e há consideráveis evidências de que existe um em andamento nos dias de hoje) até punições do tipo Watergate para os poderosos que transgridem os padrões. O Ocidente tem uma abundância de pessoas capazes de boa liderança, mas a maioria dos nossos líderes atuais, tal como seus equivalentes no resto do mundo, fica muito abaixo dos padrões de Maquiavel. O último membro da heróica geração de 1970 e 80, o papa João Paulo II, está próximo do fim da sua missão religiosa e política, e é difícil ver qualquer novo líder com a estatura dele ou com a estatura de Ronald Reagan, de Margaret Thatcher, do rei Juan Carlos, de Lech Walesa, de Lee Kwan Yu, de Deng Xiaoping, de Nelson Mandela e de Vaclav Havel, que transformaram o mundo. Se não aparecerem novos e mais virtuosos líderes, é apenas uma questão de tempo até sermos dominados pelos nossos inimigos ou mergulharmos numa crise mais profunda.

Em altos brados, Maquiavel nos alerta: se a corrupção se estendeu até o público, de modo que o povo não se sente mais ultrajado pela corrupção moral e política de seus líderes; se, em vez de exigir leis e líderes que defendam a virtude e promovam o bem comum, o povo imita a autocomplacência e a indolência dos líderes; então, mesmo que nossos inimigos ou a Fortuna nos poupem, estamos no caminho que leva à tirania. Alguns temem que a aparente indiferença do público norte-americano diante das revelações sobre a corrupção moral e política do governo Clinton e do próprio presidente seja uma prova de que a corrupção já se expandiu por toda parte. Há evidências semelhantes no mundo dos esportes, onde algumas autoridades governantes se contentaram com punições simbólicas aos atletas-estrelas e aos funcionários corruptos do Comitê Olímpico Internacional, em vez dos golpes rápidos e terríveis defendidos por Maquiavel. Se for esse o caso, logo nos encontraremos na mesma crise desesperada que levou Maquiavel a pedir um novo ditador para acertar as coisas.

Em ambos os casos, precisamos da sabedoria e da liderança maquiavélicas. Sem elas, nossas belas instituições políticas, religiosas, econômicas e esportivas serão destruídas, como aconteceu com tantas outras em outros tempos e lugares. Maquiavel escreveu com a esperança de inspirar bravos e talentosos homens e mulheres a deixar o conforto do ócio e do luxo e ingressar nas fileiras para lutar pela liberdade e pela virtude. Maquiavel fracassou. Nenhum novo príncipe apareceu para salvar a Itália da decadência e, mesmo hoje, as palavras de Maquiavel, com todo o seu escárnio e desespero, são uma descrição terrivelmente exata de seu país.

Precisamos ter mais sucesso.

AGRADECIMENTOS

Este livro se desenvolveu a partir de conversas com estudantes e colegas do American Enterprise Institute, depois que descobri que o estudo de Maquiavel estava minguando, mesmo nas grandes universidades. Devo muito a Chris DeMuth, Nic Eberstadt, Irving Kristol, Allan Meltzer, Charles Murray e David Wurmser, do AEI, e também a Jimmy Cayne, Gertrude Himmelfarb e Tom O'Connell. Todos eles encontraram erros no meu texto e me fizeram sugestões extremamente úteis.

Este livro se apóia nos ombros de Sebastian de Grazia, cuja maravilhosa biografia, *Machiavelli in Hell*, serviu-me de fonte de inspiração. Tive a sorte de contar com o benefício de seu estímulo e de seus conselhos, tanto a respeito de Maquiavel quanto dos vinhos toscanos.

Tive a felicidade de contar com o excepcional trabalho de pesquisas de Adam Storch, Shannon Mangiameli, Joachim Sorensen e Marieke Widmann.

Expresso um agradecimento especial ao meu editor, Truman Talley, da St. Martin's Press, que merece plenamente a sua reputação de ser um dos melhores editores dos Estados Unidos, e aos meus agentes Lynn Chu e Glen Hartley.

Como no passado, a Freedom Chair da AEI tem sido apoiada por um grupo de empresários filantropos. Espero que este pequeno livro lhes dê a satisfação que eles merecem. E também quero agradecer a Michael Milken.

Nenhum livro sai exatamente da maneira que seu autor esperava e fiquei surpreso ao ver o quanto este livro tem de religião, e especialmente de Moisés. Devo a maior parte dos meus conhecimentos sobre Moisés ao Rabino Augusto Segre, um herói da Resistência italiana, um raro estudioso judeu dentro do Vaticano, autor de uma profunda biografia de Moisés e o homem que celebrou o meu casamento com Barbara, em Roma, há vinte e cinco anos, realmente uma grande bênção. Nosso terceiro filho nasceu no dia em que Augusto morreu e lhe demos o seu nome. *Maquiavel e a liderança moderna* é dedicado à sua memória, com toda minha gratidão.